思想觀念的帶動者

文化現象的觀察者

本土經驗的整理者

生命故事的關懷者

心靈工坊 PsyGarden

Caring

生命長河，如夢如風
猶如一段逆向的歷程
一個掙扎的故事，一種反差的存在
留下探索的紀錄與軌跡

我愛她也愛他

18位雙性戀者的生命故事

陳洛葳　著

CONTENTS

【推薦序】

擁抱每個當下的自己

王蘋　台灣性別人權協會秘書長

二〇〇七年，台灣第一個雙性戀團體「Bi the Way」誕生，出發雖晚，但至今，雙性戀團體不但積極參與各個公眾活動，也翻譯過兩本國外雙性戀的專書。終於，第一本立基本土的雙性戀經驗《我愛她也愛他：十八位雙性戀者的生命故事》上市。

在此書裡，我們確切地看到，雙性戀被主流社會以及同志運動所囊括、排除、否認的具體事例；也讓我們看到，雙性戀，這個讓世人傷腦筋的選項，如何挑戰著單性戀的思維，成為同性戀、異性戀之外的存在。

為何恐懼雙性戀？究其原因，是我們對於特定的事物的執著吧，總是不是白就是黑，不是一就是二，哪能又這樣又那樣，沒有定點，沒有規律。

不過，我們自己可能面對矛盾卻不自知。當我們講同性戀，似乎很清楚，就是男愛男，女愛女，但追究到底，這個愛男的男，似乎也有愛女的經驗，反之，那個愛女的女也有愛男的經驗，甚至她所愛的女，也曾經欲望著男。

但我們在同性戀的圈子從不說這些，因為那似乎不是我們關切的，那不是重點。但是，對於愛男的女，當她愛女的時候，這就得大書特書了。

所以，好像是只要進同性戀圈子，就跟「我們」有關，離開同性戀圈子，那就跟我們沒關了。問題是，如何能成為社群的一份子，如果我們一下把他視為是回歸的自己人一下又是叛逃的外人？

內與外，圈子的劃分，也就成為限制與問題了。

我算是個雙性戀吧，我愛斯文男，更愛帥帥女，我以前愛戀過男的，但因為我現在愛戀女的，於是我一直被視為女同性戀。不過，如果要把我劃歸於雙性戀，我應該也不反對。

我相信，很多過去認識我的人會論斷我是雙性戀，但是現在認識我的人，就會把我看成女同性戀。所以，雙性戀到底是從一個人的情欲歷史去看，還是現在當下的經驗／認同？是別人的論斷，還是自我的定位？

交往過的女友中，有交過男友的，也有欣賞男人的，但卻不見得能敞開明白講。

接觸跨性，我更清楚意識到，男、女，不必然那麼截然的要分開，我認識的跨性T，是多麼的想做個男的。這個強烈的欲望，為了追求、為了實踐，是拚了命的不辭辛苦。面對這樣強烈的欲望，我們是不能迴避，不能視若無睹的。

所以，我其實不知道，愛上一個女的，算是女同性戀吧？但是愛上一個想當男的，也以男人自居，不認同女同性戀的生理女，這算是愛女人嗎？算是女同性戀嗎？對於對方而言，更貼近是異性戀，或是跨性戀吧。那麼同時愛上認同女人的女人以及認同男人的女人，這，豈不也就是雙性戀？！

性別，已不能用兩性統包涵括，再加上複雜的情愛關係，誰算是正港的異性戀？誰算是正港的同性戀？最重要的是，當我開啟了同志的生活，不表示我不愛我的過去。這種能夠不切割的意義是無比重要，因為不用跟自己的過去告別才能做現在的自己，因為，那都是自己。

我們應該可以期待，不論什麼認同，都不需要建立在否定過去之上。擁抱每個當下的自己，讓雙性戀成為可以自然呈現的可能。

最終，面對「既然有能力過『正常人』的生活，為何／怎麼可能做出偏離常規的選擇？」這樣的提問，雙性戀正是一個複雜現身的角度，翻轉這個性傾向歧視、性別歧視、性歧視的壓迫社會。

【自序】

愛的沉默空間

還記得，高三時被發現和初戀女友的親密關係，老媽驚恐地跑到金石堂查什麼是同性戀。還記得，大學為了留女友在家過夜和家人爭吵，老爸爆怒地罵出，「妳不正常！」還記得，幾年前，我捧著嘔心瀝血翻譯了一年多的雙性戀譯著《另一個衣櫃》到他們面前，他們既高興，又錯愕的眼神。還記得，Discovery拍攝台灣同志專輯，來我家採訪的那天，導演熱切地邀請老爸老媽一起入鏡，他們一個藉口買菜，一個藉口出門散步的尷尬……

很多朋友問我，公開出櫃為雙性戀，妳的家人支持、接受嗎？年輕的時候，總以為「出櫃」就是像西方社會那樣，必須有一個戲劇化的轉折，一個正式性地宣告，說，「爸媽，我是同（雙）性戀！」在這個面對面的張力下，他們或許會含淚接受，或許會咆哮叫妳滾出去，總之，攤牌後就是一拍兩瞪眼。然而我發現，我的出櫃版本卻完全不是這麼一回事。我曾經笑稱這個過程為「東方式出櫃」。一種幽微而緩慢地，幾乎是長期抗戰的，以行動、言語明示暗示，漸漸拓寬可能的空間，家人則睜一隻眼閉一隻眼，聽懂了卻假裝沒聽懂，不追問，不逼婚，慢慢默許了妳的生活方式。多年來，我們摸索著彼此可以接納的界線。老爸老媽那一輩，絕對說不出「無論你是什麼，我們都愛你」這一類肉麻的話，但在未曾明說的沉默中，我瞭解到，這已是他們最大的妥協。這份接納並非來自理性開明（我相信，雙性戀對他們來說仍是極其匪夷所思的），而是愛。幾近無條件的，退開身，留給我所有所需的空間。而這就是他們支持我，以及給予愛的方式。

我慶幸我擁有一對了不起的爸媽。給出了那個年代的父母所能給出的，不可思議的寬容。容許我的不同，我的叛逆，某種程度上，他們接納了我全部的樣子，讓我得以成為我自己。他們或許沒說，但三十年來，他們以全部的行動展現出那句話的真意：我們愛妳，無論妳是什麼樣子。

謝謝你們給予我的勇氣，以沉默的方式，支持我走到這裡。

謹以此書獻給我最親愛的父母。

1 想像雙性戀

步入正題之前，先聽我說個故事。

從前從前，有個叫泰瑞西斯的男人，有天不小心在草叢中看到兩條蛇在交配，一時興起將他們拉開，不知為何他就突然變了性，由男人變成女人，因而懂得了女人的身體感受。七年之後的某一天，他又看到了兩條蛇在交配，泰瑞西斯又去驚動它們，於是，他又變回了男兒身。因此，泰瑞西斯就有了與男性和女性，雙性的床笫經驗。有一天，天神宙斯和天后希拉閒來無事，正在爭論男人和女人的性事，宙斯認為女人的性高潮比男人愉悅，希拉則認為相反。他們決定找當過男人也當過女人的泰瑞西斯來當裁判，最後泰瑞西斯回答是「女人」。這個答案可惹毛了希拉，她一氣之下把泰瑞西斯變成瞎子，得意的宙斯雖無法改變希拉的詛咒，只好彌補性地給了他一個獎賞，讓他從此有了預言的能力。

誰是泰瑞西斯？

想想看，這則羅馬神話其實留下了很豐富趣味的想像空間。在這個簡短沒有太多細節描述的故事裡，泰瑞西斯很顯然，被想當然爾地假設成異性戀了：當他是男人時，他欲望女人，並以男人的身體和女人做愛；當他變成女人後，則欲望女人，以女人之身和男子做愛。然而，這個模糊的留白卻暗示了無限的可能性。故事裡我們只知道他轉換了身體，卻沒有任何線索顯示，他同時也更換了不同性別的性伴侶啊！對於兩位天神的回答不過是他自己的身體經驗罷了。而另一個問題是，除了身體，泰瑞西斯的欲望傾向、內在的角色認同也跟著轉變了嗎？讓我們來想像一下，即便變成女人的泰瑞西斯和男人上床，在床第上，他／她的心理狀態又是什麼？那麼，此刻的泰瑞西斯究竟是異性戀？同性戀？雙性戀？還是……

這個無以名之、難以規約界定的情欲狀態，是一個尚未定義完全、建構完成的開放性空間。情欲在此得以揮灑、得以想像、得以嬉戲。身體、自我認同、性欲對象三位一體的對應的關係在這個故事裡，似乎暫時被鬆綁了，你可以任意拆解，任意地改寫。

很有趣，但這畢竟是個神話故事。未被釐清、不合規範的邏輯誤謬在傳說中是可以被容忍的，然而，現實生活中的泰瑞西斯呢？

我是誰？

「如果就定義來說，我算是典型的異性戀……我只喜歡男生，也交過幾個男朋友，但，不知為何，我卻會一直想要跟女生嘿咻，會想要跟女生接吻、愛撫，甚至是發生關係。這念頭，一直在我腦裡很久了……所以，我這樣算是Bi嗎？」（小A）

「她說她是同性戀，但是，遇到欣賞的男生，還是會跑過去……不過又說她喜歡女生比喜歡男生多一些……也需要很多的愛情……她這樣算Bi嗎？」（光啟）

「為什麼我喜歡的人 明明就是個男生，卻有女生的身體，我覺得跟他在一起好安心……為什麼我身邊的人，明明是男生，可是我只喜歡他的身體，我覺得好煩……因為我自己也是，有絕對女生的外表，但是卻有兩個性別住在這樣的身體裡面……」（Frans）

「我一直覺得自己喜歡男生又喜歡女生是個錯誤……我喜歡男生多於女生……但看到可愛的女生也會心動……我覺得我似乎沒有勇氣再去追求女孩子了，自己該怎麼去面對自己的另一半？難道不會帶著罪惡感嗎？我想我就是這樣的人……」（阿點）

「我戀棧大哺乳動物，熱愛和女伴床戲，卻從未忘懷初中時一個靦腆的男生，還有後來一個個眉濃眼大的平頭。不論沉迷 DIY or making love，追逐女體之際，也從未忽視 AV 或健身房中男體肌理或氣味帶來的心悸……」（Max）

「我國中之後的經驗都是喜歡男孩子，但是我卻很喜歡女性的身體反而不喜歡男生的軀體，為什麼會這樣呢？我這樣是雙性戀嗎 還是其他的呢？另外，我不喜歡看男女做愛的A片，我喜歡看女同的A片，可是我最近喜歡上了一個男生……」（蓮）

「有時候看到女性，也會有欲望，只是不像看到男性一般強烈。可是，為什麼想把自己歸類為男同？那是一種執著……我擔心，男女皆可，那麼，我就很容易逃避離開我可能最愛的男性。反正，也喜歡女性，那麼就將就點，也不會有那麼多壓力，難言的苦痛……。那一種負心比較嚴重呢？面對將來可能喜愛的女性，還是，現在最愛的男性？雙，總讓人擁有希望，可是，卻也有很多的絕望……」（小麥）

「我喜歡男生，對男生也會產生性幻想；我也喜歡女生，但是我對女生不會產生『性』趣。至少我看A片的時候大部分的時間都停在男生上面。我所謂的喜歡是我喜歡這個人，我可以為他付出也希望得到他的回報……只是角色上面有點不同，對於男生，我是希望被他呵護，對於女生，我是希望能夠照顧她……」（Ya）

字裡行間，滿是關於自我定位的質疑與矛盾，閱讀這些網路上的自剖文字，我常在想，她／他們是所謂的「搖擺風聊」，在情欲的地圖上舉棋不定嗎？還是，她／他們只是在欲望之海中暫時迷失，終究會找到歸屬的港灣？抑或，他們所誠實面對的這塊幽微難解的祕境，其實才是人類情欲的真相？

網路上關於雙性戀議題的討論版上，「我到底是不是？」的提問，一直到目前為止，可以說是最常出現的問句。即便，那些已經算是較能誠實面對自己情欲樣貌的受訪者中，仍有一部份在採訪的過程裡，略帶疑惑地問我這個問題：「你聽了我的故事，那你覺得，我是嗎？」、「可以給我一個Bi的定義嗎？」、「其實我不知道我到底算不算標準的Bi？別的雙性戀都是怎麼樣的呢？」。這些問題的背後，其實透露出一股關於「雙」的集體焦慮，除了需求「被定義」的焦慮之外，也包含了，難以被歸類、被釐清、找不到合適位置的一種不安。甚至，在部分受訪者說故事的過程中，我聽見了她／他們，內化了社會歧視而隱約透露的自責與愧疚。

究竟是什麼，讓真實的泰瑞西斯有了這些焦慮、不安與質疑？又是什麼，讓人們對於「雙性戀」這個身份認同或情欲狀態多所疑慮？為什麼，在台灣我們看不到雙性戀的身影？是什麼讓他們不敢出聲？抑或，讓他們不願意選擇這個認同？

我是Bi類？——關於雙重衣櫃

異對雙的遐思異想

「當雙性戀應該很爽吧！因為他們可以交往的對象是一般人的兩倍耶！」同事S話語間有點酸溜溜地。

「男女通吃嘛，雙性戀好像都滿花心的，私生活應該都滿亂的……」學長P露出了鄙夷不屑的神情。

「雙性戀和同性戀有什麼差？和同性上過床，就是同性戀！」網路上某篇不友善的攻擊文章，聽起來怎麼和「a single drop of "black blood" makes a person a black」，這類種族主義者的思維邏輯如出一轍？

以台灣性別論述的進程來看，雙性戀其實算不上多麼驚世駭俗的標籤。某種程度上，人們也相信，在某個角落，大概有許多人過著雙性戀生活，或實踐雙性戀行為，甚至，他們可能為數可觀。雙性戀，成為一種「存而不論」的，台面底下的神祕地帶。「他／她們」究竟在哪裡？「她／他們」究竟過著什麼樣的生活？都終究停留在想像的層次。想像，總凸顯了最大的偏見，投射了許多人們內在的恐懼與情緒。

想想看，如果有一天，雙性戀不止是電影中的情節、娛樂版的新聞，或是一個

gossip的話題，而是真實地進入了你的生活——他可能就是你的父母、兒女、兄弟姊妹，甚至親密伴侶，你的反應又會是什麼呢？

「『雙性戀』不是搞Gay喔？」張媽媽再三和我釐清這兩個名詞的差別，「那我倒寧可我兒子是雙性戀，也不要是同性戀呀，因為這樣他還是可以去結婚，而且有一半的機會可以變正常……」聽起來有種天真的樂觀。有趣的是，根據許多曾向家人出櫃的同志朋友告訴我，父母的邏輯似乎是：如果你是跨性別，他們會寧可你成為同性戀；如果你是同性戀，他們會拜託你試試看當雙性戀；而如果你是雙性戀，他們會一天到晚燒香拜佛、苦口婆心、到處相親「幫助」你變正常。

而當發現情人或枕邊人是雙性戀的時候，反應則很兩極：

反應一

「其實我很害怕，妳終究還是會回去那個圈子的，不會永遠在我身邊……」這句話是很多年前，我的前男友親口對我說的。難怪他總對我和女生朋友出去神經兮兮，彷彿世界上該防範的對手多了一倍。而骨子裡他根本認為，我其實「真的」是女同志，和他在一起只是意外。

「如果發現我的男友是雙性戀，我一定馬上分手！這樣情敵太多了……」異性戀女生Y這麼對我說。Y無法想像，一個會和男人上床的男人，如何會對她的身體產生欲望？「而且我不是男人，一定永遠也無法滿足他『另一半』的需求，遲早有一天他會去找別的男人的！」很多人直覺式地假設，所有的雙性戀都是想要享齊人之福，魚和熊掌兼得。

反應二

「恩？那是什麼？女人和女人要怎麼上床？不可能吧？妳們只是好朋友吧！」我的受訪者Randy好不容易鼓起勇氣試著告訴未婚夫，過去那段長達八年的戀情對象其實是個女人，卻得來這讓她又好氣又好笑的回應。學生時代的女同志情誼常被異性戀當成「手帕交」輕忽視之，但放置在雙性戀的範疇下，背後隱含的假設往往是，雙性戀其實是一個過渡，一種嘗試的階段，沒什麼大不了。

反應三

「真的嗎？那我們要不要試試看三P？既然妳也喜歡女人的話……」受訪者Vicky的外國男友知道她是雙性戀反而喜出望外，說他覺得雙性戀女人很有性魅力，而重點是，和兩個女人同時上床完全滿足了他的性幻想。Vicky聽了則是滿臉黑線，哭笑不得：「我幹嘛要和他三P啊？要和女人上床我不會自己來嗎？還便宜他？」

似乎在異性戀世界的邏輯裡，雙性戀要不是花得要死、爽得要命，情史豐富（混亂）引人遐思，就是根本「不存在」。你不是偽裝「正常」、沒膽出櫃的同性戀，就是混進圈內，想冒險嘗鮮的異性戀，再不然，你可能是個什麼都想要，卻永遠也搞不清楚自己要什麼的混蛋。

那麼，同樣被主流世界污名化、邊緣化的同志社群，會是Bi的避風港嗎？

「在（女同志）圈內，如果有人問我，我會坦白說我交過男友，但我不會隨便用雙性戀這個詞，這個身份在圈內很有爭議性，很可能會被認為非我族類，或妳根本是個來圈內玩弄同志感情的異性戀……」雙性戀朋友小藍告訴我。

「他們（雙性戀）雖然男女都可以，但遇到了社會壓力，還是會選擇回到異性戀社會的，畢竟，他們還有另一條路可以走，為什麼不挑容易的路呢？」男同志Tim說。對於同志圈內來說，雙性戀似乎永遠是個不可靠的戰友／伴侶。

恩，至於我嘛，關於這個問題，我想我有很多經驗可以說說。

同與雙的愛恨情仇

二〇〇八年十二月，香港。

我剛參加完香港首度同志大遊行，身上還貼滿著各種彩虹標誌，數十名來自台灣、香港、大陸的女同志，捨不得就這樣草草結束這一整天沸騰的情緒，說好晚餐後要聚在銅鑼灣一間T吧喝酒聊天。如果不是拿到確切的地址，我想沒有任何人看得出，隱身在公寓四樓的民宅，竟然是一群香港女人的祕密基地。

門一開，完全就像是走入朋友家客廳。滿屋子的女人，熱烈而嘈雜地談笑著。熟識的拉子友人馬上走過來幫我橋位子。我來晚了，不想被擠在角落裡，便逕自走向陽台透透氣。這裡是吸煙區，人不多，但安靜，反而是認識新朋友的好地方。

一聽見我正在寫雙性戀的題材，身旁幾位煙客馬上豎起耳朵，圍了過來，打開話夾子。

「其實我還真的想知道雙性戀在想些什麼。他們到底缺乏什麼？或是在追尋什麼呢？」女台商小摩問。小摩和前女友在同一家公司，幾年前她們在辦公室裡遇到一個雙性戀女同事M。前女友背著小摩追求她，而她當時也有男友，兩人後來開始祕密交往。然而這段地下戀情也沒有持續太久，根據小摩的說法，M後來遠赴歐洲工作，便甩了小摩的女友及自己的男友，在當地另結新歡。

「我們是這麼好的朋友，她怎麼會這樣對我？我後來問她，妳到底要的是什麼？她說，她也不知道……」小摩說。

一旁的H跟著答腔，「我之前的兩個女友也都是Bi啊……」然後開始訴說那兩個女友後來如何莫名其妙地跟男人跑了的故事。

「那妳一定對雙性戀的印象很差吧？」我對H萬分同情。

「那能怎麼辦？如果喜歡上了，難道可以因為對方是雙性戀就不喜歡了嗎？」，語氣裡透著萬般無奈。

「XXX算是Bi嗎？」H和小摩開始討論她們共同認識的一個朋友。

「算啊，當然算，」小摩轉頭對我說，「喔，那是一個sleep around的女生，很亂，關係弄得很糟，和每一個情人在金錢和情感上永遠都扯不清楚，我想她也是一個認同很混亂的人吧！」

我猜，陽台並不是一個雙性戀友善區。但，哪裡是呢？

「那妳是Bi嗎？」小摩盯著我，我點頭，她似笑非笑地看著我，抽了口煙。

「恩……當然啦，Bi有最好的情形，和最壞的情形，也許我遇見的都是不好的，而妳不見得是這樣也說不定……」

如果發生在三年前，這場兩面夾攻的談話肯定會讓我渾身不自在，也許我會逃開，也許，我會試著反駁（但為誰反駁呢？）。然而，在我開始進行訪談、寫作、成立雙性戀團體的過程中，這樣的對話與挑戰根本是家常便飯。我通常只是微笑聆聽這些個人的經驗。是啊，從她／他們的觀點，事情可能真是如此。只不過，在這樣的場合，通常不會有雙性戀者出聲說說自己的經驗，平衡一下輿論視聽。倒不是因為同志酒吧門口有寫「雙性戀和狗不得進入」，而是在某種運作幽微的排拒氛圍中，雙性戀認同者，或有雙性戀經驗的人，如果不是神經太大條，或太熱愛辯論，通常會選擇識相而聰明地略過這個話題，避免引起不必要的尷尬。

認同了十幾年的lesBian，我多少感覺得到，圈內對於雙性戀的態度——Don't ask, don't Tell。美國軍中同性戀政策的口號，用在台灣圈內的恐雙氛圍上，恐怕真有幾分貼切。

當我開始認真思考書寫雙性戀這回事兒，從親朋好友間尋找可能的題材和意見，很驚訝的發現，通常同桌吃飯的十幾個lesBians，半數以上的拉子都曾交過男友，其中還不乏認同為T的。當然，精確來說，這中間包括，以交往不同性別的情人來探索自己的性傾向，找到最終「認同歸屬」（同性戀或異性戀）的，以及只是為了避免親友逼婚壓力找來當幌子的；而不可否認，真正交往的還是占多數。我想，要不是我們熟識，要不是我開口問，她們永遠也不會告訴我。這些拉子圈的女人，幾乎不談論自己過去的異性戀情，更鮮少會稱自己是雙性戀。

為什麼她們不（敢）說呢？

好幾年前，當台灣的雙性戀議題還完全在抬面底下，我在破報上驚見一個小型女同志成長團體即將舉辦關於雙性戀座談。再仔細一看，題目是：「我的女朋友是個

Bi」。有點詭異，但我還是興沖沖地報名出席了，畢竟，這可能是同志團體有史以來第一次討論雙性戀話題。

不意外，全場有八成都是所謂「純」女同志，其中大多數是T。議題的主體很明顯，不是Bi，而是Bi的追求者或伴侶，儼然是一個受害者俱樂部。主辦人的女友剛和男人跑了，尚在崩潰狀態。有人的歷任女友都是Bi，交往六、七年最後都還是選擇進入婚姻；有人根本覺得自己女友是個「標準異性戀」，不過是遇到她才一時迷惘。有人則覺得愛上Bi的機率太高，預防勝於治療，來聽聽前輩的經驗也好。

「不是不能接受她愛男人，而是當她同時愛上我和他（男）的時候，我會覺得自己處於劣勢，根本沒有和他抗衡的基礎……這社會上一個男人可以給女人的，很多我都給不了……」，女友剛劈腿，投向男人懷抱的X說。

「我女友之前一直都是交男友，直到遇見我……我在想，我可能是她生命裏的一個例外。她現在還是有很多男生在追，我覺得很沒安全感，對我來說有點像我們關係裏的一個陰影……」A說。

「我的女友和我說，『我一直以來最在乎的就是妳的性別』，我覺得自己可以做得比男人更好，但沒想到，性別才是最重要的，因為她不希望自己被看成是不正常的。原來到最後，自己居然輸在『性別』上……」B說。

「我其實都會想和前女友們成為好友或家人，所以也會試著和她的現任女友當朋友，但我發現，看到前女友和男友的關係讓我覺得很不舒服……我覺得在她男友眼裡，我們之前的關係似乎不被當成一回事……」C說。

「我突然很想知道當男人是什麼感覺？我也很想知道，和男人上床到底怎麼樣？她因為另一個男人離開我，對我來說那個創傷是……我覺得我有被比較的感覺……」D說。

在一旁保持噤聲的我聽得冷汗直流。一種花心混亂的、牆頭草似的，隨時會拋下同性情人回歸主流社會懷抱的形象，幾乎就是雙性戀洗刷不掉的印記了。我完全可以理解同志圈內對於Bi的不安與受害感，何況這其中的確是有一些指證歷歷的受傷故事的。然而，在這樣的場合，我不打算為自己或任何人辯駁。作為現場少數的雙性戀主體，我只是說出了我的故事與處境：我在異性戀社會，與在同志社群裡的衣櫃狀態其實並無二致，無論身在何處，我都無法做完整的自己，像是一條變色龍，在不同的地方呈現「該有」的形象色澤，看起來適應力極佳，狡兔雙窟，然而，我沒有歸屬，我缺乏訴說真實經驗的語言。

人們持續地說，我應該其實是「這個」或「那個」，發現真相是遲早的事。然而再清楚不過的是，介於（包含）兩者的那個曖昧流動，才是我全部的真實。

情欲本身充滿不確定性、變動不居的性質，似乎無法被主流社會的知識分類體系所理解。我們有「異性戀」與「同性戀」兩種明確選項，但雙性戀的身影卻是模糊的，他／她可能被認為是偽裝的異性戀，或是同性戀中的叛徒。人類把各式各樣的情欲經驗硬是裁切工整，塞到既有的框架裡，甚至劃分出高下優劣，讓某個類別比另外一個類別更正常正確。在這個過程中，人們拒絕理解，很多時候真實的人生並非如此。為了鞏固自我認同，找到定位，或是取信於他人，很多人，當然包括雙性戀者，必須把部分不符合社會期待的情欲經驗隱藏起來、淡化處理，甚至告訴自己，那些不重要、不存在。

雙性戀，在主流異性戀體制下，和同性戀一樣，被劃歸為「不正確」的邊緣位置。但某種程度上，雙性戀處在一個比同性戀更曖昧、更幽微的位置：一個櫃中之櫃。而這也說明了，為什麼台灣雙性戀者的身影如此模糊，以及，為什麼她／他們不輕易把這個認同標籤貼在自己身上。

天下無「雙」？——看不見的雙性戀

「我們都已經有了酷兒（queer），為什麼還要談雙性戀？」，每當有人問我這個問題時，心裡頭真是百感交集。

早從九〇年初台灣情欲解嚴的那個年代，女人開始走上街頭高喊只要性高潮不要性騷擾，同志運動也同時悄悄在校園女性主義的養分下滋長，十幾年來，從地下小眾社團、媒體，一路沸沸揚揚走向專業化運動組織，彩虹旗得以在台北市政府前，這象徵公權力的空間中冉冉升起；象徵著酷兒式張狂美學的扮裝文化，也不曾在每年同志遊行中缺席；雌雄同體、「跨性別」（Transgender）等早在幾年前就成為部分學院裡性別研究的重點，而「情欲流動」四個字，也已堂而皇之成為大眾文化中耳熟能詳的字眼。另類情欲議題從學院派性別論述裡，溢散到了電影、文化與藝術的場域，甚至一路跨入了主流媒體；近年來關於同志／雙性／跨性的題材愈加受到注目歡迎，儼然成為消費市場中非主流中的「主流」。

儘管台灣的性別研究與同志運動落後西方數十年，但八〇年代末期之後，以奇蹟似的速度急起直追，我們從同志、酷兒／怪胎、一路走到跨性別，在研究論述上幾乎毫無時差地與國際「同步接軌」。有人憂心，這論述上的「突飛猛進」恐怕過於快速、跳躍，是否可以接合在地文化脈絡，根基紮得夠不夠穩當深入，都值得深思觀察。不過至少，就在這些斷裂和跳躍之中，某些議題似乎真的就跳過了、存而不論了，比方說，雙性戀。

由於那些不符合主流性／性別標準的、偏差越軌的、混雜流動的、在情欲階層底層的主體，好比邊緣同志、雙性戀、變性、反串、SM等，都可被歸為「酷兒」一族，因此，雙性戀很容易就這麼混在「酷兒」議題中，希哩呼嚕給一併談掉了。但說老實的，像是「酷兒」這類後現代概念，其實僅現身在同志圈或藝文界等特定的文化領域，用以形容某些電影類型、文類或藝術創作，到底有沒有真正成為一個具有顛覆能力的「動詞」，實踐在日常生活當中？在台灣，「酷兒」恐怕還只是一個形容詞罷了。

除了「酷兒」的範疇，要談雙性戀，恐怕就要到「同志」的主題裏去找尋了，然而，把各種邊緣性身份一股腦地往「同志」這個名目下頭塞，究竟是擴大了、細緻化了同志概念的意涵？還是被「同志」這一個大一統旗幟給隱匿消聲呢？而「雙性戀同志」如果可以被視為同志社群的一員，究竟是因為其可作為挑釁異性戀體制的盟友，還是其實是因為她／他擁有「同性情欲」的那一半？

同運份子可能會很友善地這麼說，我們並沒有忽視雙性戀，我們不僅稱為同志（LesBian and Gay）運動，我們也用「LGBT」（LesBian,Gay,Bisexual,Transgender）或「LesBiGay」這個詞，裡頭早就已經把雙性戀給擺進去了呀！也或者，在某些同志社群或網站裡，也會發現有個「雙性戀同志」的討論版可以抒發心聲，儘管有時也有些來踢館的「雙性戀者算不算同志」的論戰文章，但總之，雙性戀並不是毫無生存之地。但別忘了，「LGBT」、「LesBiGay」這些在同志運動中對雙性戀者友善的新字眼，在西方社會中，可都是經過雙性戀運動者一番赤裸裸的對話、血淋淋的革命才獲得的成果。然而我們似乎跳躍了這個過程，直接挪用的結果，恐怕反而對雙性戀者造成某種壓抑或噤聲的效果。

回顧西方（北美）雙性戀運動的脈絡，一方面肇因於七〇年代以降，（女）同志圈內要求純粹性、不與敵人（男人）共枕的女同志女性主義壓力，另一方面則是八〇年代全球愛滋病的興起，被視為性濫交的雙性戀者立刻成為代罪羔羊，在兩股力量夾殺之下，雙性戀運動萌生於八〇年代初期，全美各地雙性戀組織紛紛成立，並與異性戀和同性戀者展開激烈而豐富的對話。比起七〇到八〇年代的歐美，現今台灣的雙性戀處境的確沒那麼艱苦，但這似乎只是表面和諧。

也有人問：「同志運動不是已經行之有年了嗎？為什麼還要搞個雙性戀運動？」對於這樣的提問，我看見的是，大眾對於雙性戀背後所隱藏的假設：

「雙性戀＝同性戀＋異性戀」，而雙性戀遭到壓迫的，其實是同性戀的那個面向，雙性戀要對抗的，其實是異性戀社會恐同症的部分，因此雙性戀應該要加入同志陣營，共同努力。但這樣的說法其實只對了一半，忽略了雙同志面臨圈內圈外「雙重衣櫃」的特殊處境，而任何一種衣櫃的存在，就是壓迫的證明。

未曾經過社會上不同性主體集體對話，所產生的這個論述上的跳躍或斷裂，已經成為台灣性別論述、學術研究中「遺漏的一塊」，也讓真正的雙性戀主體，或潛在雙性戀主體，沒有機會去正視自己的情欲真相。

甚至，就在不久之前，台灣的同志運動團體幾乎看不見雙性戀的身影，遑論提供雙性戀者服務與資源。

「在熱線內部基本上是沒有雙性戀者的，所以儘管官方立場上都是倡導LGBT，但是每次提到Bi就是幾句話帶過，頂多處理一些去污名化（雙插頭、花心）而已，並沒有更進一步提到雙性戀的困境或是心理狀態，即便是婚姻中同志也被直接假設為『結婚的同性戀者』來處理。」

同志諮詢熱線的資深義工黑貓，算是該團體中少數出櫃的雙性戀。剛來熱線時，他就大辣辣地在「認同」欄填上雙性戀，很多人都對他抱持著好奇的態度，想知道他是不是「真的」雙性戀。而在和義工伙伴相處時，黑貓更深感在同運團體中，雙性戀能見度為零的狀態：

「夥伴們每次提到『同志』兩個字，就直接連結到同性戀，例如拉子們都會假設現場的男性（義工）都對她們沒興趣，所以有時候開一些性玩笑會忽略了我是個雙性戀這件事，或是常常可以聽到類似『鮑魚跟香蕉不需要選吧？你什麼時候轉性啦？你們男同志喔就是……』這種無心見真情的玩笑話……很多方面都讓我感受到雙性戀概念在台灣真的很薄弱，即使在最前線的同志團體也不例外……」黑貓說。

也由於黑貓在同志團體中的刻意現身，慢慢打開了一個「雙性戀存在感」的友善環境，「後來就會有人提醒說，『要考慮到現場有一位雙性戀，請克制咒罵異性戀情的程度喔』這類的話……」黑貓說。

然而，不可諱言的，在許多同運團體實質的目標與工作項目中，雙性戀仍舊是個有待開發的新興議題。就如同，拜跨性別運動所賜，如今在同運圈提起性別，思維邏輯中若只有「男VS.女」兩性的，顯然不只是落伍了，而且還會被批政治不正確；同樣的，若要真正提醒人們，雙性戀的確是一個「認同／情欲選項」，必須被看見，被聽見，被理解，則有賴雙性戀主體個別、集體以及象徵性地現身，浮出水面，呼吸幾口新鮮空氣。但，該怎麼做呢？

說一個雙性戀的故事

的確，雙性戀者要「瞞混躲藏」（passing）、不被識破，實在太容易了。雙性戀不被社會看見，雙性戀者恐怕也不願被看見（out），這是雞生蛋、蛋生雞的問題。

面對來自異／同性戀世界的不友善與龐大壓力，許多雙性戀者選擇不現身，或根本否認這樣的身份，甚至進而否定自己部分重要的生命經驗。這也是為什麼我們總是看不到雙性戀。可以理解的是，（如果他願意的話）雙性戀可以隨時選擇躲藏的「混種」特質，會被攻擊為牆頭草。但或許，我們可以換個角度思考，為什麼他們需要「瞞混過關」呢？為什麼某些生命經驗、情欲狀態是必須被掩藏、忽視？或是必須「換句話說」，翻譯成主流社群聽得懂的語言？

雙性戀的尷尬位置正是，它既不夠「鮮明」，又不夠「受害」。面對社會大眾，

---

1 同志諮詢熱線，是於一九九八年，由四個同性戀及性別團體——同志專業助人工作者協會、教師同盟、同志公民行動陣線、及Queer'n Class（現台灣性別人權協會）所組成，為台灣第一個經政府立案登記的同性戀社團。目前主要工作項目有提供電話諮詢服務、同志人權、同志家庭、同志教育、愛滋防治及國際交流等。

它缺乏像同性戀或異性戀者那般絕對清楚的定義，常輕易地就被兩個世界所收編。他們在異性戀社會中受到忽視與壓迫並不少於同性戀，但當他們處在同志群體當中，往往又是邊緣者，因為他們的經驗不夠「劣勢」，在危難來時他們似乎有路可退，看起來是最可疑的叛逃者。

她／他們學著用異性戀的語言描述那些「正常」的經驗，他們也用同性戀的語言訴說那些不可說的愛戀，但他們沒有自己的語言，他們的生命是斷裂的。而這個分裂的本身難道不就是一個精彩的生命經驗？難道不應該被訴說，被看見？

或許，讓雙性戀的多元面貌被看見，會是一種方式。讓雙性戀者創造出自己的社群，發展自己的論述，會是另一種方式。作為一個運動者，我試著提供論述與資源，作為一位書寫者，我則想來說說關於雙性戀的美麗故事。

你可能會發現，其實他跟你我沒什麼不同，他或許是坐妳隔壁那個不起眼的宅男同事，她或許是你巷口賣麵的老闆娘，他或許正是你的老闆、老師，或是你班上的學生，也可能，他根本你的兄弟姊妹、父母，或枕邊情人。也或許，她／他就是妳／你。

從這些故事的主角，她／他們晶瑩多角的人生與情欲樣貌中，我試著停格、切片，取出一小片精華，呈現出來讓大家看到，「啊，原來有人是這樣的！」，「哇，原來有人和我一樣！」、「喔，原來不過是這麼一回事……」讓那些不能言的、不敢言的、沒有空間機會可以說的生命經驗，跑出來曬曬太陽。看見別人，也看見自己。

我雖是那個書寫與說故事的人，但姿態卻是並肩的。所以這不是研究，因為我不去問太多理論性的問題，並試圖從他們身上找到解答；這也不是小說，因為所有的故事都是由他們的話語中自然形成，裡頭沒有我的杜撰想像；這也不是客觀報導，因為某種程度上，你看得出來，我還是有我的立場。

期待有一天，每個同性戀都可以大聲說出我是，而無須承擔他人眼光，付出過去那些曾有的慘痛代價。期待有一天，每個雙性戀都可以大聲說出我是，而無須自我質疑、或向大家證明自己絕不是劈腿族才有合法性。期待有一天，我們可以任意貼上某個認同標籤，然後，或許再隨興撕去那個標籤，如同穿脫衣服那般自由自在，不會有人質疑你，怎麼可以這樣變來變去？期待有一天，我們每個人都不須去認同任何身份，不必再宣稱我是誰，不必把自己歸類到某一個選項類別，沒有對錯好壞，就只是接受自己全部的情欲面貌與生命經驗，而所有人都會尊重真實的你。

然而，在那天到來之前，有些生命經驗卻必須被標示出來，並給予尊重。說到底，談認同，是為了有一天，我們都可以不需要再認同。

2 詮釋雙性戀

就從一個名字開始

語言總是不斷尋找、擴充新的意涵。但當某個詞彙一旦被創造出來，被人們普遍使用之後，它就會獲得控制、定義和區分的權力。而身份認同的標籤也是一樣，一開始，這個名字只是用來方便指稱，但慢慢的，它被定型化之後，彷彿有了自己的生命，總會回過頭來制約、綑綁活生生的人們，活生生的情欲。

然而，真實，往往意味著高度的複雜性。

「……雙性戀這個字，覺得不中用，因為甩不掉以性伴侶來為自己主體定位的問題……問題很多，其一，是『雙性戀』令人容易混淆是位於『異』與『同』中間，即未選定所以兩邊擺；其二，對兩性情欲討論的重要性，不只是那些由外而生的，（以性伴侶的性別作為性身份指標）的表面問題，而是走回自己無窮無盡的情欲空間之內。說兩性都愛，不只是一時愛女、一時愛男的搖擺風柳，而是自己作為主體的情欲流動，是對愛對關係的獨特態度」，這是麥海珊在《雙性情欲》[1]中的開場白。

為了要為這個情欲主體命名，麥海珊卻發現，要找到一個合適、舒適的語言竟是如此困難。如果不用「雙」，而用「同志」呢？卻往往落入了同志「定義鬥爭」無止盡的漩渦裏，把各種邊緣性身份包涵於同志之中，最後究竟是擴大、細緻了同志概念的意涵，還是其實被「同志」之大一統旗幟給隱匿消音？誰收編了誰，似乎還在未定之天呢！

儘管有些困難，要談雙，似乎就必須開宗明義為這曖昧未清的標籤下個定義，故事才能接著往下說。若真追本溯源，Bi這個字究竟從何而來？Bisexuality的定義又如何影響到這個身份意涵的轉變？我們得從古早開始講起，追溯耙梳雙性戀這個字的根源。

雙性戀原本只存在於動植物

有趣的是，Bisexual這個字最早的起源，其實是植物學家用來描述那些同時擁有雄性與雌性生殖器官的植物。因此，在生物與解剖學上，Bisexuality意指**生理上同時具有兩性器官的雌雄同體**，而這樣的定義，被十九世紀至二十世紀初期的醫學與性學研究廣為挪用。

而英國學者Ellis算是第一個改變雙性戀定義的人。在一八九七年的研究中，他仍跟隨德國性學家Krafft-EBing的分類，將同時欲望兩性的男女稱為「性心理上的雌雄同體」（psychosexual hermaphroditism）[2]，但到了一九一五年他改變了用法，自此Bisexuality不只意指生理雌雄同體，也包括「同時欲望兩性的人」[3]，是為擴展Bisexuality意義的先驅。不過，這個詞在當時的西方社會中仍未被廣泛理解、使用。

佛洛伊德：雙性戀是發展不完全的人類

而在心理學上，這個字代表在**心理上同時擁有男性特質（masculinity）與女性特質（femininity）**，持該觀點中最著名的就是大師佛洛伊德。在他一九〇五年的《性學三論》中，佛洛伊德認為人類確實有「雙性戀」這樣的性傾向存在，甚至所有人

---

[1] 麥海珊（2000）《雙性情慾》。香港婦女基督徒協會，p.7。這本說可說是華文地區第一本談雙性戀的專書。

[2] Ellis, H.H.（1897、1915）Studies in the Psychology of Sex, VolumeⅠ: Sexual Inversion, London: University Press.

[3] Ellis, H.H. (1923[1915]) Studies in the Psychology of Sex, VolumeⅡ: Sexual Inversion, Philadelphia: F.A. Davis.

類一出生都是雙性戀，而異性戀或同性戀則是稍後慢慢發展出來的。值得注意的是，由於可以在小孩子身上，或「原始」社會中發現雙性戀傾向，因此佛洛伊德將「雙性戀」視為性欲取向的原始形式，與維多利亞時期性學以及人類學中，進化論與種族主義的基調不謀而合：認為性的差異是一種發展進化的過程。因此，男女特徵共存在人類身上，是一種「原始」人類的特徵，而原始社會中的成人與文明種族中的孩童一樣都是未發展完全的狀態，反之亦然。順著這個邏輯，在佛大師的眼中，雙性戀其實是被視為在心理發展過程中「未發育完全」的違常狀態（perversity）[4]，甚至，他從來不曾真正接受雙性戀是會發生在成人身上[5]。

拜同運所賜，雙性戀總算被認為是一種性傾向

Bi的意涵在一九七〇年代轉向了「**同時擁有異性戀與同性戀的兩種性傾向**」，成為目前最常見的定義，起源於六〇年代末至七〇年代西方社會的同志運動。在一九七三年美國精神病學協會（APA）將同性戀從「心理疾病診斷統計手冊」（DSM）的清單上剔除之前，同性戀在病理學上一直被視為「性欲望的倒錯」，亦即：「男同性戀為對為男性擁有不適當的『女性』欲望，反之，女同性戀則對於女性擁有不適當的『男性』欲望」。這樣的概念不斷受到同志運動的挑戰與重新定義，於

是，欲望對象的選擇，自此不再全然被視為是「男／女性特質」的問題，而是關乎「異／同性戀傾向」。

雙性戀的概念從此便傾向被視為「同時擁有異性戀與同性戀傾向者」，由於Bi這個字的字首本身即含有「兩者兼有」（both）的意思，因此通常被理解為，可以愛男人也可以愛女人的人。

類似的定義，也出現在徐佐銘的研究當中。他將雙性戀者認同與身份標籤分為：「雙重國籍」和「無國籍」。無國籍的意思較接近無性別戀愛論，認為雙性戀者愛人不分性別，或不在乎性別。而前者較符合一般對於雙性戀的想像，也就是「雙」性戀等於「同性戀」加「異性戀」，當雙性戀者和異性交往時，他的性欲身份就是異性戀，反之，即為同性戀。

[4] Merl Storr (ed)（1999）Bisexual: A Critical Reader, London and New York: Routledge, pp.20-27。

[5] Evans, D.T.(1993) Dual Citizenship? Bisexuality. In D.T. Evan (ed.) Sexual Citizenship：The Material Construction of Sexualities (pp.147-173). London: Routledge.

[6] 徐佐銘（1999）「雙性戀的定義」，第四屆四性研討會論文。

這樣的定義或許乍看之下簡單易懂，但卻又有點似是而非。

一加一不等於二？雙性戀說：一加一等於無限大

當你把藍色混入紅色，你會得到美麗的紫。混入的比例不同，出現的紫色深淺明暗也會有所不同。紫色是什麼呢？如果你問。也許，我會送你一束紫羅蘭，或穿上我的淺紫洋裝，但我不會告訴你，紫色，就是紅色加藍色，請自行想像。那麼你將永遠無法領略屬於紫的、獨特的美。更何況，紫色也有無數殊異品種。

當人們理解雙性戀為**雙性戀＝異性戀＋同性戀**（或介於兩者中間），仍舊是由舊有的座標來為這嶄新的概念作定位，過度簡化的結果，便是忽略了雙性戀本身即是人類情欲的一種獨有的姿態。**一加一不等於二，雙性戀不是隱藏的同性戀或異性戀，儘管它結合了同性戀和雙性戀種種行為的元素，相較於其他可被社會接受的性傾向，它既不特別優越，也不更低劣，它是一種獨特的存在方式，不僅只是性與情感經驗，也是一種生命態度，一個閱讀世界的角度，一加一＝無限大。**

量量看，誰是正港『雙性』戀？

要談雙性戀，一定得從性學大師金賽說起。

「人人有罪，就是無人有罪」，性學大師金賽的實證宣稱，打破了美國文化裡長期敢做不敢說的情欲噤聲，直指人類在情欲向度的實際行為，遠超過文化裡所設下的正常門檻。一九四八年，他的經典研究報告《人類男性的性行為》一出版，便立刻登上了暢銷書排行榜。衝破禁欲之牆，真相之虎出籠，人們驚訝（恐）地發現，那些被社會認為「不正常」的、藏在社會底層的性行為——同性戀、雙性戀、婚前性行為、婚外性行為、口交、肛交、自慰、S/M——在廣大美國民眾之間，其實是家常便飯。他的研究無疑拯救了許多為此陷入罪惡感深淵的人們。如果說，這些成千上萬足以覆蓋整個情欲禁忌地圖的人，全都是罪犯，那麼說到底，這個規約人類性行為的律法，不過是一樁神話。何謂標準？何謂正常？這位性學博士在保守的四〇年代，大膽地指出每個人的性癖好都有所不同，因此，沒有「正常」與「不正常」，只有「常見」或「罕見」的分野。

金賽的性傾向量表，雖非針對雙性戀所做的研究，但這項研究結果卻將人類的性欲向度拉長軸線，成為一個光譜，挑戰了「異性戀VS.同性戀」二元互斥的單一性向模式之外，也為雙性情欲的可能性打開了空間。

在這個量表中，人類情欲被視為一個從0（絕對異性戀）到6（絕對同性戀）複雜多元的「連續體」，而個人座標位置的判定標準，為個人的性行為與性幻想頻率（見表一）。

而報告中最驚人的內容在於指出，只有50％的男性在一生中是絕對的異性戀，僅有4％的男性終身為絕對的同性戀，幾乎半數（46％）的人，座落在1到5的位置，同時從事同性和異性戀活動，或是對兩性都有反應[7]。

不過，坦白說，儘管金賽大

表一　金賽性傾向量表，《男性性行為》，1953

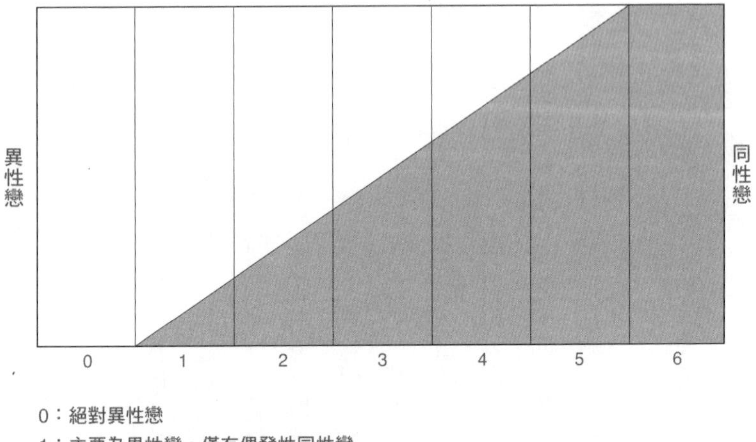

0：絕對異性戀
1：主要為異性戀，僅有偶發性同性戀
2：主要為異性戀，但有超過偶發性的同性戀
3：均等的異性戀與同性戀
4：主要為同性戀，但有超過偶發性的同性戀
5：主要為同性戀，僅有偶發性異性戀
6：絕對同性戀

師的量表是為先驅前鋒，現在看來仍有相當的限制。這個連續體描述的雙性戀，僅化約在「性行為」的面向，而非個人的性態度或自我認知。換句話說，在金賽觀點下，人們在情感、情緒、社會關係中的情欲跨界，不但不被看見，而且完全不算數。

基於此，克萊恩（Fritz Klein）在八〇年代提出的另一個新量表（KSOG）[8]，對於性傾向有了更細緻的想像與描述，或許可以為這些疑惑提出一個思考的方向。對於克萊恩來說，性傾向不僅只有性行為和性幻想，還包括了性吸引、情感關係、社會偏好、自我認同、生活形態，都是可以參考的指標。更重要的是，他還加入了時間的面向，肯定了人們在不同生命階段，情欲模式流動的可能性。（見表二）

[7] 金賽一九四八年發表的這項研究乃針對全美五千三百名白人男性進行訪談。到了一九五三年，金賽再度針對二十到三十五歲的美國女性進行研究，發現有8％到20％的女性（依婚姻狀況和教育程度不同）曾有過至少偶然性的同性戀回應或接觸。只有0.3％～3％為絕對的女同性戀者。

[8] Klein, Fritz（1993）The Bisexual Option（second edition）, NY: Haworth Press. 註：這二十一個格子，人們用1到7分為自己評分，1分（只和異性）2分（大多是和異性）3分（異性多一點）4分（兩個性別都有）5分（同性多一點）6分（大多是同性）7分（只和同性）。對克萊恩而言，2到6分都屬於雙性戀。

表二　克萊恩性傾向量表（KSOG）,1993

	變項	過去	現在	未來（理想）
A	性吸引			
B	性行為			
C	性幻想			
D	情感性偏好			
E	社會性偏好			
F	生活形態偏好（異／同性戀）			
G	自我認同			

A 性吸引：誰對你最有性吸引力？
B 性行為：你和誰曾有過性行為？
C 性幻想：你的性幻想對象是誰？
D 情感性偏好：你比較願意與誰建立強烈的情感關係？
E 社會性偏好：你比較願意花時間與誰相處？與哪一個性別的人相處感覺比較舒服？
F 生活形態偏好：你社交圈內的人們性傾向認同為何？
G 自我認同：你認為你的性傾向是？

- 過去：你在12個月之前
- 現在：你在最近12個月內
- 未來：你認為你未來將會是

克萊恩性傾向量表延伸了金賽量表的範疇，從理論架構的層面，大大拓展了雙性戀的意涵的空間。自此，定義雙性戀，不再受限於性的層面，更包含了個人內在的情感流動，生活型態的選擇，並尊重個人的自我認同。基於長期心理醫師的臨床經驗，克萊恩更看見了，性欲取向並非如一般想像，為一個固定的、本質的位置，性愛與情感偏向，事實上將可能隨著不同生命階段而有所改變。

一個名字，各自表述

回到定義雙性戀的問題，從以上的闡述，我們看見了，隨著時代的變遷，性／別相關研究的進程，以及不同陣營的論述角力，一路呈現了不同的答案。對於何謂「雙性戀」的詮釋，不但影響了相關研究的結論，更反過來制約或啟發了日常生活中的個人，對於自我生命經驗的詮釋。

來看晚近性別運動與學界對於雙性戀的定義，明顯地可以發現這個詮釋越來越精緻寬廣：

●美國雙性戀運動里程碑之作《另一個衣櫃》[10]所採取的定義：「對男性和女性都有情欲的（erotic）、情色的、或浪漫的感情、幻想與體驗，並認同為雙性戀的人。」

●Firestien[11]甚至採取更寬鬆的定義，主體當下選擇的身份標籤，並不影響雙性戀特質的事實：「雙性戀是對超過一個性別的人有情欲、情感上與性吸引力的個體，不管這個個體現在所選擇的性身份認同為雙性戀、同性戀、異性戀、跨性戀者，或不選擇貼上這些標籤。」

●Rust[12]指出：雙性戀認同主要反映了他們性吸引力的感受，或者是有能力與男性、女性，或兩者談戀愛，不論這些感受是否透過性行為表現，以及對兩性的情欲也不見得對等。

●歐美暢銷書《Bisexual Healing》的作者Jennifer Baumgardner則說：具有雙性情欲的人，值得擁有獨立的、從自身經驗所定義的性傾向位置，而不是以「最近和誰上床」來定義他們自己。

上述定義分別指出了幾個關鍵重點：

一、雙性戀是一種獨立的情欲位置，不論該主體此刻的選擇是男、是女還是獨身，都不影響其本身的雙性戀特質。主體的性傾向，不倚靠其性伴侶或生活伴侶來定義。

雙性戀認同被認為不具合法性（不存在）的原因之一，乃基於這樣的邏輯：性傾向必須藉由個人「過去」或「目前」的交往對象或性伴侶來定義。如此一來，「『雙性』戀」幾乎是不存在的位置，除非，他／她「同時」和兩個性別的人交往。而一個情感經驗淺薄的，或單身的雙性戀者，似乎就名不正言不順；甚至某種程度上，暗示了必須和兩性交往或上過床才算數。

舉例來說，一個已婚的雙性戀女人，如果她從此選擇男人作為終身的單一性伴侶，她很有可能被一般人列為異性戀；但如果，她持續滿足自己與其他女人的情感連結，但卻沒有採取行動，一些研究者可能會把她稱為「潛在的女同性戀」；而如果她沒有結婚，而研究者剛好遇到她處於和女性交往的生命階段，她幾乎毫無疑問會被大家視為「同性戀」。

---

[10] 《另一個衣櫃：雙性戀者的生命故事與認同》（Bi any other name）已有中文譯本，二〇〇七年由商周出版。

[11] Firestein, B. A. (1996). Introduction. In B. A. Firestein (Ed.), Bisexuality: The psychology and politics of an invisible minority (pp. 262-291). Thousand Oaks, CA: Sage.

[12] Rust, P. C.(2000). Bisexuality: A contemporary paradox for women. Journal of Social Issue, 56(2), 205-221.

但事實上，**雙性戀，是關於個人的欲望與自我認同，和他的過去或目前的行為、性生活不見得有關。一個認同為雙的人，有可能（分別或同時）與不同男人、女人發展關係，也可能終其一生的經驗裡，僅選擇與某一性別交往，或成為終身伴侶；甚至，也有可能情感實戰經驗仍是一張白紙，或為獨身主義者。**如果，一個從沒交過女友的異性戀宅男，可以名正言順地說自己只是追不到喜歡的女生，而無須證明自己的性傾向，那麼，雙性戀也和其他的認同一樣，不論個人此刻的情感生活狀態為何，若該主體認同自己的雙性戀特質，便應該予以尊重的，無須經過重重門檻、嚴格把關，——你說是就是，本人說了算！

二、雙性戀會對不同性別的人產生性、情感或幻想等吸引力，但不見得會對男女兩性擁有「相等」的吸引力與喜好的互動模式。

這是另一個常見的誤解。「雙」似乎意味著在男女兩邊必須有均等的經驗或感受，才是「標準的」雙性戀—比方，我愛男人和女人一樣多，和男人和女人交往次數一樣、上床經驗一樣諸如此類。因此，常見的問題是：「我一直都交男友，但每次在路上看見性感的女人還是會小鹿亂撞」、「我和男人在一起感覺比較自在、親密，但我的性幻想對象其實是女人」、「我喜歡和男人上床、但卻比較喜歡和女人談戀愛」——這樣算是雙性戀嗎？——這類疑惑產生。

而就我個人的生命經驗，以及在雙性戀社群中實際的觀察，許多**雙性戀者受到兩性的吸引程度常有所不同，同時，吸引力與互動模式，也是有可能隨著不同的生命階段而產生改變的**。這個部分，也在本書後半段的許多故事中可以發現。有些人享受和女人情感的水乳交融，卻在和男人的性中找到迸發的熱情。有些人在學生時代擁有刻骨銘心的同志情誼，但在熟齡之後遇見某個令其對異性改觀的人，從此邁入婚姻生涯。更多受訪者更常提及，和男人、女人交往，自己的樣貌、角色扮演、互動方式也隨之截然不同，和不同性別的愛戀經驗，幫助他們更深一層地發現自己，「啊，原來我可以是這樣的！」哪一種比較好？這些故事主人翁大部分的回答是，「這是無法比較的，因為完全不同……」

從許多雙性戀研究的訪談[9]中都發現，並沒有一個所謂「典型」雙性戀的模樣，每個雙性戀者的生命史都是如此的不同；更重要的發現是，成年人的性傾向或性偏好模式並非固定不變的，許多雙性戀者在受訪時可能會說「現在終於知道自己性傾向的『位置』了」，但經過一段時間追蹤訪談之後，當事人常又推翻了自己先前的宣稱。

[9] 比方Philip W. Blumstein 、Pepper Schwartz等人

所以，選擇什麼樣的性對象以及認同，在不同的生命階段中，可能會經歷多次的改變，只不過，人們常常忽略了自己情欲的可塑性，以致於怯於探索嘗試。

如同本章一開頭所說的，定義，往往涉及社會、文化等複雜的權力過程，而定義一旦形成，往往形成制約框架，鎖死了活生生的人。在這裡，我並不企圖訂出一個放諸四海皆準的「對的定義」，告訴人們雙性戀「就是」什麼，然後請大家自行對號入座。然而，為了能更聚焦地來論述、書寫雙性戀生命經驗，一個詮釋的基礎是必要的。本書簡單整理出上述的定義，除了來自相關運動圈、學界的看法，更包含了我個人的生命經驗、採訪觀察，以及部分台灣雙性戀社群裡相互同意的觀點。當然，我仍舊無法為成千上萬的雙性戀者發言，這只是一個對話的開始。

對我來說，**雙性戀必須是一個動詞，一個藉由雙兒們的生活實踐與經驗，不斷重新改寫、定義、流動與型塑中的動詞**。所以，定義雙性戀，只不過是用一些生冷文字語言，描述一個硬梆梆的名詞，重點是在於這些活生生的人，活出了什麼樣的生命，任何標籤，都無法道盡個人豐富而迥異的一生。「一個名詞，各自表述」，許許多多的雙性戀者正在用自己的生命來定義自己。

而我更樂見那些選擇拋掉社會性標籤的人。在雙性戀社群中，我遇到了許多正在探索自己情欲疆界的朋友，彷彿正在金賽0到6的量表向度中來回泅泳，尋找著最適合自己的位置。他們拒絕被粗糙地分類，也不倉促定論，貼上某個分類標籤。感動於他們願意對生命如此真誠地提問，卻不急著找到終極的答案。在一個非同即異，總是必須選邊站的世界裡，他們把自己拋向未知，選擇了一條「不安全」的路，這需要很大的勇氣。至此，定義，或不定義，已經不僅止於性傾向認同的抉擇，而是關於「我究竟是誰」，一個生命本質的問題。同、異、跨、雙，或其他更多開放的選項，最終，只是為了能夠在每一個當下，全然地成為自己。

❸ 誰怕雙性戀？

恐雙症的三個運作機制：A、污名化　B、收編　C、否認

「恐同症」（homophoBia）這個名詞社會大概不陌生，但「恐雙症」（BiphoBia）這個字，對於一個腦袋習慣以「單性戀」為思考邏輯的世界來說，理解上可能稍微困難一點。誰怕雙性戀？雙性戀有什麼好怕的？這些恐懼從何而來？在實際生活中，又是如何運作的呢？

Q：「恐雙症」到底透過什麼樣的機制在日常生活裡發生呢？

Ⓐ 污名化：雙性戀很爛

Ⓑ 收編／囊括：雙性戀就是「同志」

Ⓒ 否認／排除：世界上根本沒有雙性戀

Ⓓ 以上皆是

答案是（　　）

雙性戀標籤

一九九五年《Newsweek》雜誌七月號的封面故事是「雙性戀：既非同也非異，一個『新』的認同的出現」[1]，略帶聳動地宣示，注意囉，有種嶄新的情欲取向已然蔚為風尚！

文章中還歷歷指證許多影壇名人，如比莉‧哈樂黛（Billy Holliday）、詹姆斯‧迪恩（James Dean）也都是雙性戀，似乎將雙性戀視為某種新鮮時髦，而且還挺酷的嗜好。雙性戀就算不是盤古開天地就有，但至少並不是什麼新鮮事，將某種情欲傾向視為「新產物」，似乎是商業媒體慣有的運作手法。很有趣的是，媒體敲鑼打鼓地宣告「雙性戀時代的來臨！」已經不是第一次了。《Newsweek》和《TIMES》兩家雜誌龍頭可早在一九七四年就不約而同地，在封面下了這樣的標題：「雙性戀時尚」、「『新』雙性戀」[2]。這除了證明媒體們顯然有點失憶傾向之外，對於這個總是被視

[1] Newsweek（1995）Bisexuality: Not Gay. Not Straight. A New Sexual Identity Emerges. July 17.

[2] Newsweek（1974）Bisexual Chic: Anyone Goes. May 27, p.90、Time（1974）, The New Bisexuals. May 13, p79

為「新潮」的情欲模式，在二十年後仍有再度回鍋消費的價值，一個合理的解釋是，雙性戀在社會中其實仍不具顯著能見度，甚至帶有某種神祕或禁忌的色彩。

一直到了二〇〇八年，史上第一部雙性戀紀錄片「愛情雙向道」（Bi the Way）[3]，整部片探討的焦點仍舊是：那些擁抱情欲流動、拒絕標籤、誠實做自己的年輕雙性戀者，是否將使美國的情欲地景經歷一場天搖地動的崩解？人們想探索雙性戀的樂趣顯然歷久不衰。

到底，雙性戀這個標籤代表的內在意涵是什麼呢？

哈佛大學教授Marjorie Garber略帶調侃的說法一針見血：「『雙性戀』是一個充滿問題的字眼……對反對者來說，它隱含了雜交、不成熟或平淡無味；對部分男女同志來說，它代表著『蒙混過關』，『偽意識』和渴望『異性戀特權』；對生理學家來說，它暗示了一個必須矯正的問題；對心理分析者來說，它是一個尚待解決的戀母情結；對人類學家來說，這是一個西方世界的窄化觀點；搖滾明星則將其視為展現自我的一個面向……脫口秀主持人則相信『雙性戀』不過是掩飾自己的縱欲過度，或所謂雙性戀運動者喜歡稱呼的『非一夫一妻制』。」[4]Carber除了點出在不同的社會脈絡下，雙性戀標籤展現了不同意涵，也暗示了，這個身份本身是一個充滿遐想、曖昧、衝突的，被問題化了的名詞。

雙性戀標籤裡最常出現的幾種刻板印象：

【縱欲者】

「我第一次在Gay社團自我介紹的時候，我說我男生女生都可以，然後就有一個學長跟我說，學弟你以後不能這樣說喔，你在這個社團，就說你只喜歡男生你才會有市場行情，你才能真的交到男友，不然他們會覺得你很花心，而且會不想要理你。」（受訪者AS）

「我不太會主動跟別人說雙性戀這件事，因為我自己都很不能接受，我覺得雙性戀會讓人覺得很亂、很花，我自己常常就在想，我是不是很糟，會覺得為什麼自己不是單純的同性戀或異性戀就好……」（受訪者小梅）

AS和小梅說的，正是雙性戀者最常見的污名標籤。如果在搜尋引擎中鍵入「雙性戀恐懼症」（BiphoBia），你會得到線上維基百科對於這種刻板印象具體的描述：

---

1 《愛情雙向道》（Bi the Way）一片曾於二〇〇八年女性影展公開放映。

2 Garber, Marjorie. Bisexuality and the Eroticism of Everyday Life. New York: Simon & Schuster, 2000.pp.39-40.

「……雜交，多重伴侶，群交，困惑。有些時候，雙性戀還被控將性病傳入異性戀或女同性戀社群。還有一種普遍的刻板印象是雙性戀會跟任何人上床。」

「享樂主義者」是對於雙性戀者一種常見的負面評價，在很多人的想像中，「雙」代表不能專一、無法遵行一對一關係、不忠誠、不負責任的代名詞。麥海珊書中用的「搖擺風柳」四個字還算文雅；在棒球比賽中，左右打擊位置都能擊球的打擊手switch hitter，是西方文化中對於雙性戀者常見的比喻。「雙插頭」一詞則是帶有明顯性暗示的不友善字眼，用以形容他們男女通吃、花心或性濫交；美國俚語「swingers」也是常見的名詞，意指趕時髦的、亂搞男女關係者，縱欲者，以及「搖擺」在男人女人之間的雙性戀。美國雙性戀社群網站則直接以「Any thing that moves」命名，用以反擊並重新定義那句用來詆毀他們的「Bisexuals will fuck anything that moves」（雙性戀會和任何會動的生物上床）。

由此延伸，雙性戀男性和女性常被認為是愛滋或其他性病的高危險群，是把病毒傳染到異性戀與同志社群之中的媒介。一九九七年一項針對美國大學生的調查指出，雙性戀者被認為，比異性戀或同性戀者更容易傳染性病給性伴侶[5]。一項二〇〇二年的研究更顯示，在美國異性戀者的心目中，雙性戀者的評價僅高於吸毒者（相較於任何宗教、種族、族群、政治團體、甚至包括男女同性戀者，雙性戀者名列倒數第二）

[6]。台灣的衛生署則在防制愛滋宣導中寫明了：「同性戀者、雙性戀者、毒癮者、色性行業從業人員，或曾與他們發生過性行為的人，都要接受協談及抽血檢驗。」[7]，背後隱藏的偏見不言而喻。

【過渡者】

「雙性戀是還沒搞清楚自己要什麼的人；其實她／他真正的身份是異性戀／同性戀。」

雙性戀者被認為是困惑的、拒絕承認自己真正的性向、躲在衣櫃中的狀態、不成熟、尚未決定的，而他／她們終究會發現，自己其實「真正」是什麼。

二十世紀初期的同志文學所討論的概念圍常繞著「真正的認同」上。不論是在

---

[5] Spalding.L.R.& Peplau.L.A.(1997) The unfaithful lover: Heterosexuals’ perceptions of bisexuals and their relationships. Psychology of Women Quarterly.21.pp.611-625.

[6] Herek, Gregory M （2002）Heterosexuals' Attitudes Toward Bisexual Men and Women in the United States, Journal of Sex Research, Nov2002, Vol. 39, Issue 4,pp.264-274.

[7] 行政院衛生署（2002）「預防愛滋健康一生」（http://www.doh.gov.tw/lane/health_edu/o2.html）

E.M. Forster的《墨利斯的情人》，或是Radclyffe Hall的《寂寞之井》，當中展現出雙性戀行為的主角，都被描述為拒絕對自己誠實，無法勇於承認自己的「同性戀傾向」[8]。《雙性情欲》作者麥海珊則反駁，「在我的經驗之中，先認做『同性戀』才是更加了解自己是兩性都愛的過渡。而這個問題的問題在，過渡，有何不妥？為什麼當我們說過渡的時候就帶著負面的意思？」

面對令人焦慮的混沌不明，人類似乎有種潛在的強迫分類症。分類與標籤化或許是人類認識世界，將外在資訊組織整理，方便溝通的方式。但是，一旦那些類屬的格子劃好了之後，卻似乎成為了某種真實，反過頭來成為制約、窄化、過濾現實世界中的事物與現象。到最後，人們反而得把自己硬是塞進這個框框裡，塞不下的，最好裁剪修正；無法修正的，只好藏在抽屜裡眼不見為淨；藏不住的，就等著遭受社會性懲罰、歧視與污名化。

這個關於「過渡者」的負面意涵，背後所隱藏的，是關於主流論述對於人類性傾向的假設：（一）世界上只有「異VS.同」兩種性傾向；（二）人的性傾向是基本上是固定不變的。無法被歸類於二元情欲架構裡的，將被視為是朝向某個方向游移／猶疑的狀態，因此，不但無須被看重，反而應該及早找出「正確答案」。

雙性戀情欲有可能是，也有可能不是一種過渡。某些人曾經經歷過這個轉變期，最後選擇認同自己為同性戀或異性戀。但對很多人而言，雙性戀並非隱性同性戀或異性戀，儘管它貌似結合了同性戀和雙性戀行為的元素，但其本身就是一種獨特的情欲展現，也可能是一個長期的性傾向。

【騎牆派】

「雙性戀者被看做是『間諜』，因為他／她們在性心理上得以自由遊走於男人與女人之間；同樣的，雙性戀被當成『叛徒』，因為她／他站在一個得以同時瞭解雙方陣營祕密的位置，並且悠遊其間。」[9]（Fritz Klein）

雙性戀者常被認為是占盡兩邊好處，卻隨時準備落跑，貪圖異性戀特權的叛徒。雙性戀者在情欲上的多元可能性，看來似乎讓人很沒安全感。有一種對雙性戀者的想像是，由於她／他們有「較多的選擇」，因此在情欲經驗上比異或同性戀者更為豐富精彩；她／他們會以滿足自己需求為前提，但在社會壓力之下，將會選擇對自己最有

---

[8] Hall, D. E. (2004). Bisexual literature. Retrieved November 10, 2006, from the World Wide Web: http://www.glbtq.com

[9] Fritz Klein（1978）The Bisextual Option : A Concept of one Hundred Percent Intimacy, New York : Priam Books.

利的位置，在必要時「偽裝成異性戀」以矇混過關。這個刻板印象往往導致同志社群內部對雙性戀者的排斥與不信任。

同志刊物《Gay Times》在一九九二年的一篇文章中提到，「除非你是這個群體的一份子，否則你根本無法瞭解一個群體是如何被壓迫，如果，雙性戀者無法全然理解同性戀被壓迫的經驗，那麼反之亦然。」語氣中充分展顯了與雙性戀者劃定界線，不信任的態度。「無法全然理解？一個拉子會在對男人有遐想的那一刻，就突然失去了她曾有的同性經驗與覺醒嗎？多年生活與愛戀的經驗難道會因為對於異性的欲望而整個被抹煞了嗎？」雙性戀學者Eadie不以為然地反駁。

「當我和女人談戀愛的時候，我內在的雙性戀特質（「雙性戀優勢？」）並不會讓我得到保護，也不能保護我的情人和我手牽手走過公園時，能免於被恐同者的暴力攻擊。」美國雙性戀詩人Dajenya曾在自傳故事中發出不平之鳴，「而當我和孩子的父親分手時，只因我是一個女同志而失去了孩子的監護權……我不會用雙性戀為自己辯駁，法官也不可能會認為一個雙性戀者比女同性戀更適合當母親，有些法官甚至認為，雙性戀更糟。」

「你們（雙性戀）雖然男女都可以，但談談戀愛玩一玩還可以，一遇到了社會壓力，家裡一催婚，還不是會乖乖回到異性戀社會？當然啦，你們本來就還有另一條路可以走，為什麼不挑容易一點的路呢？」男同志阿Su的想法，是圈內對雙相當典型的刻板印象。

【時髦弄潮兒】

某些親吻早已成為大家心目中永恆的畫面，如亂世佳人的吻就很經典，但最近幾年，這世紀之吻的寶座，可能已經被瑪丹娜在MTV頒獎典禮上熱吻小甜甜的鏡頭給取代了。果然不愧為流行教母，這一吻，可牽動了大眾最敏感的神經，再度引領起美國社會對於雙性戀的討論風潮，連鎖效應是，許多當紅的校園偶像劇都紛紛加入「雙性戀情節」（如女主角意亂情迷親吻手帕交）以刺激收視率，而這招顯然也很奏效。

「孩子們會覺得雙性戀行為很酷，因為他們的偶像也這麼做！」父母顯得憂心忡忡。同性的親熱鏡頭頻繁出現於大眾流行媒體，恐雙／同人士總覺得都是媒體惹的禍，害青少年有樣學樣。在他們看來，雙性戀不過是藝人譁眾取寵、時下年輕人跟著趕時髦的玩意兒罷了。

挺弔詭的，「雙性戀特質」如果運用得當，在某些特定領域的操作下，還真具有賣點與加分效果。然而，消費了雙性戀標籤，究竟圖利了誰呢？

曾被女性讀者票選為「最令人感到兩腿酥麻的女星」、甚至連珍娜・傑克森

（Janet Jackson）等女星也對其表達愛慕之情的安潔麗娜．裘莉（Angelina Jolie），在影壇的確是個異數，其影迷層面之廣，媒體戲稱，大概除了男同志之外，異性戀男人、異性戀女人、女同志通通都會愛上她。不只是因為她曾在電影「GIA」中飾演女同志，在公開場合中，安潔麗娜．裘莉也毫不隱藏她的雙性戀情欲：

「我的確非常有可能和我的女性影迷上床。我真的很愛女人，而我想她們（影迷）知道。」——《Jane》，二〇〇二

「說真的，我什麼都喜歡，我喜歡男孩子氣的女生、女性化的男生、胖的或瘦的。所以走在路上吸引我的事情很多，真是一件麻煩的事啊！」——《Elle》

裘莉毫不諱言她的雙性戀情欲，並在媒體上大膽地談論她和女友Jenny Shimizu的關係，不但沒有影響到她的演藝事業，反而拓展了影迷群。

但當她和男星布萊德．彼特（Bradley Pitt）結婚後，已經多年未曾向媒體提及她的雙性戀傾向。可以想見的是，在恩愛螢幕夫妻檔的形象下，同時也已經晉身為媽媽的裘莉，經紀人會給予她什麼樣的建議？過去雙性戀性感小貓的形象恐怕已經不合時宜。二〇〇七年裘莉在法國雜誌《Public》上表示，「我從來不曾隱瞞我的雙性戀傾向，但自從我和布萊德在一起之後，我的生活中已經容不下雙性戀和S&M了！」，八卦媒體特別為此下了標題：「安潔麗娜．裘莉：我為布萊德．彼特放棄女人！」

這樣的轉變，導致同性戀雜誌《Advocate》在二〇〇七年八月以專文「Is Angelina Over?」質疑她是否已經失去了女同志影迷的基礎。同志網路雜誌《After Ellen》則在二〇〇七年十月號中寫下「哀悼安潔麗娜．裘莉」。

曾因吸毒導致事業瀕臨危機的茱兒．芭莉摩（Drew Barrymore），在九零年代初改走性感路線，一九九二年她以「欲海潮」（Poison Ivy）重返好萊塢，片中她飾演一名俏皮的雙性戀女孩，再度將她推向演藝事業的高峰。然而，當她的影壇地位在九〇年末愛情喜劇片「一吻定江山」（Never Been Kissed）等片逐漸奠定之後，亟欲擺脫鄰家女孩形象的茱兒，在二〇〇三年向《新女性》雜誌的記者表示，雖然她自認為是雙性戀，但她不會再和女生約會了。「以前年輕的時候，常常會和一些女人出去約會……不過我不認為我可以只和女人……這對我來說太不足夠了！」

藝人還有一種安全涉足同性情欲的方式，就是宣稱那只不過是一種「嚐鮮」式的實驗戲耍，如艾拉妮絲．莫莉塞特（Alanis Morissette）曾在脫口秀節目中透露，她曾經和女人有過性實驗：「我認為每個人都應該試試，我真心的推薦！」

看來影劇圈有個不成文的公式：向大眾透露一點自己雙性戀的可能性（特別是當這位藝人還很年輕，至少不超過三十歲，人們不會把你的性傾向宣稱當一回事），享受鎂光燈的注目，直到觀眾完全忘了這回事為止。或者，當她／他有了正式的異性戀

三色旗是雙性戀的標誌。藍色代表異性戀，粉紅色代表同性戀，看似異同對立的兩個世界——粉和藍，在雙性戀的生命裡匯聚成美麗的紫。

（婚姻）關係之後，過去可男可女的曖昧疑雲便可以一筆勾消。

面對恐懼或未知，貼上負面標籤是人類最常使用的手段。污名化，是讓雙性戀者缺乏現身主體、不願對號入座的主要原因之一。除了貼上負面標籤之外，造成雙性戀的身影隱晦不明，則是依靠整體社會透過「收編」與「否認」兩種看似相反，實則基於同一種邏輯的運作方式，來達成雙性戀者的集體消音。因此，恐雙症基本運作方式至少有二種：一個是貼上負面標籤，另一個更根本展現的模式則是：忽視、拒絕看見，甚至直接否認雙性戀的存在。

不是異，就是同，否則就是在撒謊

> 我的情人是個自由派。「妳根本不是雙性戀」，她很確定的告訴我。「妳只是個偶爾跟男人上床的女同志。」
>
> — Carol A. Queen, in "Bi any Other Name".

西方同志運動最有效的運動策略之一，就是從歷史中點名匯集成同志名人錄：「我們有蘇格拉底、莎芙、米開朗基羅，還有艾爾頓．強……」同志們驕傲地如數

家珍，甚至把他們印成年曆、手冊、別針，提醒著世人每個月份從古至今出生的同志名人，「看呀，她／他也是我們的一份子！」同樣的情形也出現在台灣本土的運動和學術研究上。從煙消過往中揭露不為人知的性取向祕密，同性戀者重塑另類史觀，書寫屬於自己的歷史。但這個貼標籤的方式，卻代表著雙性戀者也「自動地」被囊括在同志的大一統旗幟底下。基於運動政治上，擴大同盟者的策略，許多名人因為曾有同性戀情而被歸類為同志，不論她／他們是否有過異性伴侶關係。在同性戀的歷史裡，有種異質的生命長久以來一直寄居其中，卻被視而不見，聽而不聞。

已故影星張國榮一九九七年在演唱會上，曾以一首「月亮代表我的心」獻給男友唐唐，並感性告白說唐是母親以外，生命中至愛的人。大方「出櫃」的舉動，讓張國榮自此被視為同志名人的楷模。但事實上，張國榮在二〇〇一年接受《TIME》雜誌專訪時，曾坦承他是一名雙性戀者：「說我是雙性戀更加恰當，因為我曾經有過很多女朋友，二十二歲時曾向毛舜筠求婚。」[10]而這番宣告自我認同的言論，卻似乎沒有引起太多注意。二〇〇三年張國榮自殺身亡的消息，伴隨著媒體各式各樣的揣摩報導，一方面同志團體追思悼念，讚揚他勇敢以男同志身份出櫃，另一方面，也有媒體指出，毛舜筠婉拒他的求婚對他打擊極大，如果當時兩人順利結為連理，或許可以改變張的一生。無論報導是否屬實，張國榮的雙性戀認同的宣稱卻始終未曾被認真看待。

以同志電影「美麗少年」竄起的藝人小炳是另一個顯著的例子。在這部半紀錄片式的電影中，小炳被凸顯其同志的身份，但沒過多久，小炳就在綜藝節目中坦承，自己其實是雙性戀，且當時已有固定女友，但這番告白卻引發外界質疑，是不是想為男同志身份消毒？其後也因為媒體報導的壓力，使得兩人戀情告終。小炳曾在接受媒體訪問時表示，「難道她愛的不就是真實的我嗎？為什麼我坦白之後，反而會變成這個樣子呢？」[11]；同時，也傳出因為小炳「性向不明」，而被撤換掉節目主持人的工作。一直到二〇〇一年底，小炳與女友雅雅閃電結婚，媒體再度以「曾經公開自己是同志的小炳，『轉性』愛女人」[12]為題加以報導。小炳在接受採訪時坦言，「和雅雅結婚後，一直有人批評他拿結婚當幌子，有人罵他們是姊妹，還有一次他到台中喝茶，一個流氓上前找碴：『你是不是小炳，不要再裝模作樣了。』說著、說著就拿棍子打他」[13]。到底是愛男人還是愛女人，不論小炳上那個節目，這個焦點話題似乎都如影隨形，直到孩子出生後，小炳刻意凸顯其愛家好爸爸的形象，才方告落幕。

從文學作品中也可看出一些端倪。古希臘羅馬以降的著作之中，不乏出現雙性戀行為與情欲的描述，但在文學史上卻鮮少以雙性戀的角度來解析書中人物。被讚譽與荷馬齊名的古希臘女詩人莎芙（Sappho），一向被視為女同志作家的代表人物，而女同志（LesBian）這個字，就是從她居住的勒斯波斯（Lesbos）島的名稱所延伸而來；不過學者Janet Bode卻在一篇探討雙性戀女性的文章對此提出了挑戰。她認為，在莎芙的情詩中，除了表達出對女人的愛意，同時也清楚地描述她和男人的情欲

[10] 自由時報（2003）最愛毛舜筠，改變他一生。四月二號。
[11] 聯合報（2000）小炳坦承是雙性戀 女友說拜拜。五月三十號。
[12] 民生報（2001）小炳網羅生子祕方。十二月十三日。
[13] 民生報（2002）泰國度蜜月，小炳被誤為人妖。三月一號。
[14] Bode, Janet (1976) View from another closet : exploring bisexuality in women, New York : Hawthorn Books.

台灣第一個雙性戀團體Bi the Way，於2007年6月正式成立。圖為成員們為2008同志遊行所設計的手做紀念品。「我是Bi類」是該年的最夯（ㄏㄤ）的遊行slogan，並被製作成浮水貼紙贈送。

關係，以及她對異性戀婚姻的讚揚[14]，事實上，從她遺留下來少數的詩作中，我們也得知她育有一女。然而，在非同即異的思考架構下，莎芙大膽展現對於同性的愛戀，卻被放大、並歸位到女同性戀的陣營之中，直接跳過了雙性戀作為一種情欲主體的可能。

話說，和圈內友人Pe聊天時，追憶起高中時代的一篇聯合報短篇小說首獎作品——曹麗娟的〈童女之舞〉。在同志運動尚未在台灣萌芽、市面上知名的「同志小說」幾乎只有一本白先勇《孽子》的那個年代，描述女女之愛的〈童女之舞〉一九九一年首次在報上刊登，立刻引起廣大注目，「當時這篇這篇小說在九〇年代得獎的時候，評審委員一致說這絕對不是女同志小說，它描寫的是女性情誼，十年後它被改編為電視劇，大家又說這絕對是一部女同志小說，但現在看來，裡面的兩個女主角明明都是雙性戀啊……」，我笑了，Pe的抱怨說得真對！「還有電影『自梳』也是阿！雖被歸類為女同志電影，但故事中兩個女主角在愛上彼此前，都是跟男人在一起的，最後卻都因為被男人傷透心進而了解愛而互相珍惜……」

有趣的是，在這個異性戀／同性戀二元對立的思考中，雙性情欲除了被「囊括」在既有的分類架構裡，同時又弔詭地結合了「排除」、「否認」的機制，兩者合作無間。

在一九九〇年英國諾定頓同志大遊行中，雙性戀同志要求在遊行名稱上加上「雙性戀同志」卻遭到籌委會拒絕，原因是因為他們認為，雙性戀者唯有在表達同志身份時才遭到壓迫，所以「同性戀」一詞已經涵蓋了「雙性戀」[15]。麥海珊也在書中提到，一九九五年香港運動團體「姊妹同志」受邀到台灣參與「亞洲女同志網絡」會議（一個連結亞洲各國女同志的聯盟組織），但當她們提議把「雙性戀」加入憲章時，卻遭到冷落與反對。

Weinberg等人在一九八三到一九八八年，針對居住在舊金山灣區一百多位雙性戀

15 引自周華山(1990)同志論。香港：香港同志研究社。

者進行的研究中，四分之一的受訪者仍舊對自己的雙性戀傾向感到困擾與疑惑，而有超過半數的女性，和四分之三的男性則曾經感到疑惑。但這並不是因為質疑自己的情欲傾向，而是由於他們感受到，似乎必須在同或異的兩方選邊站。而這些壓力來源，有部分來自於異性戀，大部分卻是來自同志圈。「許多雙性戀者指出他們感受到持續的壓力，必須把自己貼上『女同志』或『男同志』的標籤，並且只能和同性從事性行為」，而且這些雙性戀者總是不斷被告知「沒有人是『真正的』雙性戀，雙性戀者並不是一個具有社會合法性的角色，它被認為是一種『政治不正確且不真實的認同』」[16]。

科學研究則乾脆用實驗數據告訴你，根本沒有雙性戀這回事。

二〇〇五年《紐約時報》科學版以「Straight, Gay or Lying: Bisexuality Revisited」的標題報導了一項新研究發現：一群來自美國和加拿大的心理學家，以儀器偵測一百零一位分別認同為異性戀、同性戀與雙性戀者，觀察他們觀看色情影片產生的生理反應。研究者得到他們預期的結論：那些自認為是雙性戀者的男性，並沒有顯示出同時受兩性吸引的情形，反之，四分之三的人顯示出和男同性戀者相同的反應，其餘的則和異性戀男性無異。心理學家們非常權威地告訴我們，「雖不否認雙性戀行為的存在，但是並沒有任何證據顯示有『雙性戀性反應模式』的存在」[17]。更有趣的是，雖然同性戀、異性戀、雙性戀的組別裡，各自都有三分之一的人對所有影片都沒有任何反應，但研究者仍然認為這並不影響他們的研究發現。任何明眼人都可以看得出來，這種以測量器官反應來為性傾向下結論的研究不僅過於粗糙，同時根本無法掌握人類複雜的情色、感知、情感、愛慕等構成性吸引力多元面向。不消說，這則《紐約時報》所使用的標題，與該項研究結果，立刻遭到雙性戀團體大肆撻伐。

而我在同志圈尋找雙性戀的過程中，常聽到的答案是：

「喔，有一個交過男友的，但她現在和女生在一起，已經變成女同志了……」女同志朋友F說。

「我女友之前都是交男朋友啊，她其實是異性戀，只是碰巧跟我在一起而已……」女同志朋友Z說。

「要找雙性戀喔，那妳得好好調查一下，是真的雙性戀還是假的雙性戀…真的不是很多，很多都是幌子……其實大家反而覺得當雙性戀挺好，因為你還有機會回到主

[16] Douglas W. Pryor, Martin S. Weinberg, Colin J. Williams（1995）Dual Attraction: Understanding Bisexuality. New York:Oxford University Press.pp.35

[17] Benedict Carey, "Straight, Gay or Lying: Bisexuality Revisited, New York Times, July5, 2005.

流社會過正常生活，壓力沒那麼大……」一個大陸的同志朋友說。

我的受訪者小C則這樣告訴我：「當我告訴朋友說我是雙性戀的時候，他一開始看起來有點疑惑，然後忽然又輕鬆地拍拍我說，啊，沒關係啦！每個人都是雙性戀啊！只是程度的不同啦！然後話題就跳過了，好像現場氣氛立刻沒那麼僵了，但我總覺得我們好像不是在說同一件事……」「每個人都是雙性戀」（所以沒什麼特別的）的說法，某種程度上，和「沒有人是雙性戀」一樣，在模糊雙性戀主體、打散雙性戀議題重要性上，很弔詭地產生了相同的效果。

恐雙：異形恐懼症

同性戀其實是異性戀世界發明用來處理自身雙性欲望的概念。

——凱特・米勒（Kate Millett,1990）

「恐同症」和「恐異症」就像是恐懼的野獸，對於同性戀者或異性戀者排拒的行為，將人們分裂為兩個陣營，雙方人馬都對「恐懼」這頭怪獸張牙舞爪，卻餵養它成為穴中巨龍。只有當我們團結起來才能殺死這隻巨龍，屈服於唯一能團結我們的力量

Bi the Way吉祥物——Bi寶貝（黑綱設計）。

（人類天生具有的親密的能力），而不是讓恐懼分裂我們。

—Fritz Klein，1978

一九七九年雪歌．妮薇佛主演的科幻驚聳片「異形」可嚇壞了當時的觀眾，其恐怖之處不僅在於那流著藍色汁液，在太空船上到處竄出的怪物，更嚇人的是，那些異形就在你身體裡不知不覺地繁殖成長著，等待著從你內臟中伺機迸出，而你，或是你身邊最親密的人，有可能就是異形的本身。

對於那些得了恐雙症的人來說，雙性戀者就像是那個「異形」。

異性戀與同性戀必須是壁壘分明的，就像冷戰時期的美國和蘇聯，他們之間的戰線必須是清楚的，兩方陣營的情欲生活不容越界。除了前述雙性戀被認為等同於雜交、腳踏兩條船與性病高危險群之外，引起「恐雙症」更重要的原因是，雙性戀引發了社會的集體焦慮，因為她們挑戰了異／同二元對立的「單性戀」模式，他們溢出邊界，污染了截然分明的純淨性。換句話說，恐雙症來自於異性戀社會中的恐同症，同志社群中的恐異症。而形同「間諜」或「臥底」的雙性戀者，則成為這個恐懼投射的對象。

學者Jo Eadie引用人類學家Mary Douglas的名著《純潔與危險》（Purity and Danger）中的概念加以延伸，他認為，對雙性戀的焦慮，可被解讀為對「同性戀／異性戀」這個二元象徵系統崩解的恐懼，雙性戀被的「危險性」來自於，其「污染」了社群在象徵上的「潔淨」。

什麼是「不潔」呢？Douglas在書中論道，就是會威脅潔淨的、「偏離適當位置，不恰當的事物」。因此，「『不潔』是系統化秩序和分類下的副產品。」只有在一個具有強大分類系統的環境中，所謂的「不潔」才會存在，而「『排除／消弭』是為了重新組織的這個環境。」。因此，Douglas認為「污染」才是「社會轉變」的一個必經過程。進而，「活在權力結構縫隙當中的那些邊緣族群，被認為威脅到了那些已經被完美定義的社會位置，由於這些人被認為是一股危險的、無法控制的力量，因此壓迫成為合理的藉口。」（Douglas,1966）

這樣的論述正可以用來解釋雙性戀迷思。有趣的是，同性戀和異性戀有許多觀點不謀而合：「如果你涉入他們之中，你會被轉化（或污染）；他們有可能因另一個性別的人離開你；他們將耗盡同性戀政治的運動能量；他們是愛滋的高危險群；他們的心理情感狀態是不穩定的。」[18]

而認為雙性戀是「危險」的，則是來自「疆域」（boundary）的概念。同志社群辛苦打造免於異性戀騷擾的安全（純淨）環境，包括設立同志酒吧、支持團體、生命線或媒體刊物等等，但是，把對於「異性戀體制」的敵意，與「異性戀情欲」混為一談，使得同性戀社群內部萌生一種對於雙性戀者的焦慮，深怕「敵」在我營，恐懼在愛人、朋友甚至自己身上發現「異性戀情欲」。

想像一下這個場景。一向活躍於女同志圈的同運份子Nina正在開心，自己的情詩將刊載於同志選集之中，但當主編友人打電話過來詢問，是否方便來她家討論並順便借住一晚，Nina卻立刻焦慮了起來。她該怎麼告訴圈內友人，她的新情人兼同居人是Paul，另一個活躍於同運圈的男同志？當然，她最後還是撒了謊。

「我已經厭倦過著這樣的雙重生活。我想起在大學時，我花了好幾年的時間和我的女友躲躲藏藏，瞞著我們的爸媽，和我們的異性戀恐同友人，我瞭解到，我再也無

[18] Jo Eadie（1993）Activating Bisexuality: Toward a Bi／Sexual Politics, in Activating theory: Lesbian, Gay, Bisexual Politics, edited by Bristow, J. and Wilson, A. R.. London: Lawrence and Wishart.

法這樣做了，我不要再重複這樣的劇碼……如果我不能從所有的衣櫃中現身，我將永遠無法對自己誠實，不論他們多麼不能接受，或是覺得我的選擇背叛了她們。」[19]

這是女同志作家Nina Silver的自白文〈出櫃為異性戀〉。

一種關於「純粹性」、「正統性」的要求，瀰漫於早期年代的英美同志圈。延續七〇年代西方女性主義第二波的訴求，基進女性主義主張分離主義的路線，認為所有壓迫起源於父權制度與強迫異性戀制度下的性別角色分工，而與男人的性關係，更是男性權力宰制之關鍵（如，強暴、色情、異性戀婚姻制度下的性關係）。而出路則是，不與男人同一國，拒絕進入婚姻制度，創造屬於女人自己的文化與空間。女同志女性主義延續此觀點，強調「女人認同女人，女人愛女人」，其著名的標語為「女性主義為理論，女同志為實踐」，女同志身份便成為當時女性主義者最政治正確的選擇。

一本曾被全美大學採用的讀物《女同志入門書》（A Lesbian Primer），從強調女人只愛女人的觀點中延伸，作者莉茲．戴蒙（Liz Diamond）的引述了一位不具名女同志的話，將「女同志」定義為「一個不跟男人上床，認同女人的女人」。作者甚至宣稱：「雙性戀女人事實上根本沒有女同志的基礎」、「雙性戀女人通常並不認同自己為女同志」，而雙性戀「比較是一種性偏好，而非生活形態」，這是因為，雙性戀女人「和男人有性關係，（她們）無法和女同志一樣經歷相同的壓迫」[20]。

Carol A. Queen則在自傳中鮮活地描述了那種恐懼：「……我正在背叛同志社群的規範，冒著可能被我的心靈歸屬——這個圈子驅出家門的危險，只為了特立獨行。我曾經是同志社群的領導者，在我居住的小城市中，公開露臉的同志之一，我非常擔心會被抓到和某個男同志（或是更糟）上床。在面對曝光恐懼，酷兒唯一可做的，當然，就是出櫃。然而，這個培養勇氣、自我壯大的過程是緩慢的，比起當初離開那個充滿危險、遊戲與過時角色扮演的異性戀社會，我感受到的恐懼要大的多。而更糟的是，即便要出櫃，我的位置到底是什麼呢？」[21]

這樣一個兩難的困境，其實是許多圈內同志的共同經驗。許多雙性戀者早期的自

---

[19] Nina Silver（1992）Coming out As A Heterosexual,in Elizabeth Reba Weise(ed.) Closer to Home: Bisexuality & Feminism, pp.35-46, Seattle: Seal Press.

[20] 引自Beth Elliott (1991) Bisexuality: The Best Thing That Ever Happened to Lesbian-Feminism?, in Bi any Other Name, edited by Loraine Hutchins and Lani Kaahuman. NY: Alyson Books.

[21] Carol A. Queen（1991）The Queer in Me, in Bi any Other Name, edited by Loraine Hutchins and Lani Kaahuman. NY: Alyson Books.

我認同其實是拉子或男同志，而正視自己對異性的欲望，讓他們面臨了失去同志認同的困境，許多雙性戀者稱這個過程為「二次出櫃」，被逐出圈子則是可能的風險之一。

在七〇年代初期，Abbott和 Love兩位女同志作家在文章中尖銳地點出，「一些女性發展出真正的雙性戀認同」，可能是因為「婦女運動中圍繞在女同志周圍的那種激進時髦的光環」，換句話說，當時部分選擇認同為女同志的女性主義者，其實是雙性戀者，她們之所以選擇這個標籤是因為運動與政治上的理由。這個狀況或許運動圈內人人心知肚明，但卻鮮少拿到台面上公開談論。為什麼呢？「雙性戀女人帶出了異性戀女人心中的同性戀恐懼，以及過著女同志生活型態的那些人心中的異性戀恐懼。」[22] 恐懼什麼呢？除了政治正確上拒斥之外，或許摻雜著些許對自我的恐懼，恐懼那可能潛藏在自己內在最深處的欲望。「同性戀其實是異性戀世界發明用來處理自身雙性欲望的概念。」Kate Millett 在自傳《Flying》[23] 中的嘲諷，搞不好真說中幾分。

想想看，為什麼男人之間的親密動作，會被認為噁心、有礙男子氣概、有同性戀之嫌？為什麼人們會把各種原是自然而然，表達親密需求的行為，變成一種制式化和禮儀？比方，只有情人（最多親人）才可以親吻、擁抱？或只有某些特定的場合或情境，人們可以「破例」親密？（比方，美式足球比賽勝利時，球員彼此擁抱親吻是可以被理解的）。《異／同之外》的作者克萊恩認為，潛意識裡的「恐同症」與「恐異症」阻絕了人與人之間絕對親密的可能，即使這些情感或身體的親密，是人類天性裡與生俱來的需求。為了確保文化中不允許的性接觸產生，人們有時得刻意避免情感親密。因此，有恐同症的異性戀男人，往往無法想像與男人建立全然的情感親密，有恐異症的同性戀，也有可能無法真正和異性在身體上親密，即使這些行為本身與性無關。

關於雙性戀者在象徵和實際的層面上，被排除在同性戀以外，Eadie舉了個很好的例子：九〇年代初期要進入英國曼徹斯特的同性戀酒吧，你必須回答你是否是男／女同性戀，雙性戀者是被拒絕進場的。此外，當地的同性戀熱線服務，通常婉拒雙性戀者的求助，原因是，雙性戀的經驗被認為「太棘手」，他們缺乏這樣的經驗因此無法處理。在Eadie看來，這些都代表圈內極大的焦慮，而焦慮的原因很簡單：如果

---

[22] Abbott, Sidney & Love, Barbara（1972）Sappho was a Right-On Woman, New York: Scarborough House,pp.156-157

[23] Kate Millett（originally published in 1975）, quoted in Charlotte Wolff, Bisexuality (London: Quartet Books,1977),p50. ）

[24] Jo Eadie（1993）同上。

Bi the Way參加2008同志大遊行，口號是「愛男愛女愛自己！走出櫃中櫃，看見雙性戀！」

這不是兩個壁壘分明的團體，如果我們和異性戀並非那麼「不一樣」該怎麼辦？如果那個驅魔儀式失敗怎麼辦？如果敵人從內部爆發——如同電影「異形」那樣怎麼辦？[24]而這個「淨化驅魔」的過程包括，排除掉有擁有異性戀婚姻或有孩子的男女同志，或與異性發生性關係的同志。這些行為都可被視為同志世界遭到異性戀意識型態「入侵」、「污染」的表現，因此必須被驅逐或忽視。

無獨有偶，幾年前註冊人數高達上千人的台灣大型女同志MSN社群「女拉古堡」[25]，在申請加入會員的須知中註明：「女拉古堡不適合雙性戀、具異性戀婚姻身分女同、尋找一夜情之男女、生理性別為男性者。以上被點名的網友請勿進入……」

友人Eama則有這樣的經驗：「有次我參加一個三十歲以上不分的聚會，聚會後那些幹部們留下開會，也邀請新來的朋友留下來聽；結果有個幹部說不准Bi參加；當場我心裡就想『呃，我是Bi』，然後就默默坐在那裡，想以後再也不會來參加了」。

曾擔任同志遊行重要幹部的小梅則說，由於擔心被認為缺乏合法性、專業性，因此在辦活動的過程中不會凸顯自己是Bi，「如果你說自己是Bi，別人會不會覺得你走錯地方？」身為雙性戀者，往往在面對家人、同志圈內和真實自我時會有不同的說法，而這種選擇式的分裂認同，恐怕活躍於同運圈的雙性戀者，更能感同身受，「我覺得，我似乎必須更加倍地強調自己對同運的忠誠……在很多場合，我會選擇性地說

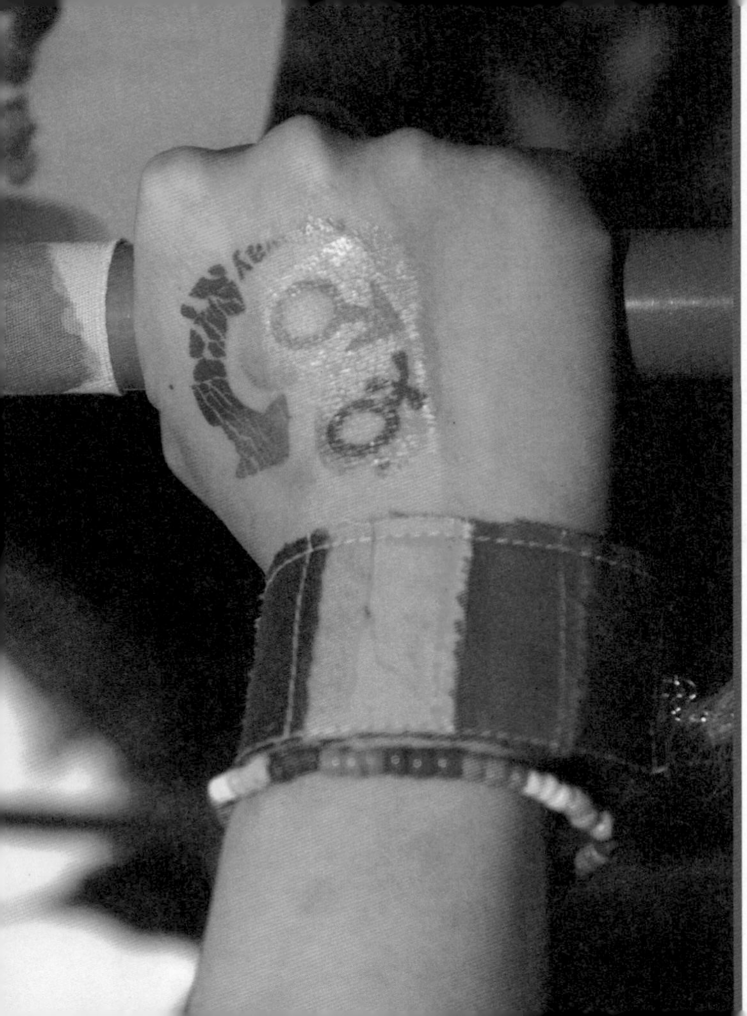

自己是女同志，而不說是雙性戀，當我這樣說的時候，有點像是宣示政治立場，而不是去談我真正的生活經驗……但我後來慢慢覺得，為什麼，我不能理直氣壯地認為，雙性戀也是一種政治位置呢？」

騎牆派的滲透主義

當我和女人在一起時，我以女人愛女人的方式來愛她；而當我和男人在一起時，我以女人愛男人的方式來愛他。因此，雙性戀對我來

[25] 該網路社群目前已關閉。

[26] Jan Clausen（1990）My Interesting Condition, Journal of Sex Research 27,3: 445-459.

說並不是一個性傾向的認同，而是一種『反認同』，一種拒絕受限於單一欲望對象，單一愛戀方式的反認同。[26]

——Jan Clausen

你有沒有這種經驗？走在路上看見長髮飄逸，卻身型高挑魁武的人，常會引發路人頻頻回首：

「他到底是男的還是女的啊？」A問。

「我打賭他是男的，我看見他帶男錶！」B說。

「好像不是吧！？我聽見他說話的聲音有點細耶……」A回答。

類似的問句還包括：「你到底是T，是P，還是不分？」、「妳搞清楚自己愛男人還是愛女人了沒？」——搞清楚究竟「是」什麼，為什麼這麼重要？

在一個深信性（別）本質主義的社會裡，人的性／別不但需要被清晰地辨識與歸位，且一個恆久穩固的性／別身份也是必須的。這些疑問的背後，顯示了人們堅持，每個人要有一個凝固不變的、真正的、本質的性別身份及性取向，性／別含糊的人往往令人非常不安。

在信仰非黑即白、非同即異的世界裡，雙性戀的存在挑戰了這個劃定疆域的規則，他是不純的、混沌的、非固定的，因此，她是危險的。但他的危險，正是她撩撥、翻攪、騷動的力量所在。雙性戀是一種混種的位置，是both／and，也是「跨越」與「包含」。

「對於混種的焦慮，來自於混種終究是無法被包含、控制的，因為它打破了對稱性、自我／他者、內部／外部的二元對立」，它的存在，搔弄了異性戀體制的癢處，也破壞了同性戀政治的門禁森嚴。這使得雙性戀成為一種「危險的改變」，因為它擾亂了我們建立好的認同，把我們的情欲從框框裡頭拉出來，恢復其無可規約的原貌與完整性。

而雙性戀跨越的那條界線，不僅是「認同的界線」（同性戀VS.異性戀），也包括逾越了「身體的界線」（男體VS.女體）。許多女同志朋友曾不止一次的告訴我，她們對於雙性戀者的反感，是一種身體上的反應。「我不喜歡她被男生碰……一想到小咪曾和男人上過床，就忍不住有一種噁心的感覺……我覺得男人很髒。她這麼純潔這麼美好，怎麼會讓男人那種生物去碰她呢？」女同志H說。顯然，她把對於男人身體上的厭惡，投射到了雙性戀女友的身上。

最後，我想以Maria Pramaggiore對「騎牆派」（fence-sitter）這個詞充滿創意性地比喻，為雙性戀的政治能量下一個註解。fence-sitter是常見的雙性戀污名，

作者參加2008年台北同志大遊行。

Pramaggiore把fence（圍籬／籬笆）這個字拿來拆解、轉化：

> 雙性戀騎的這堵牆，根本只是一個充滿縫隙而不穩定的fence（籬笆），籬笆存在的目的，是為了去區分、隔離兩個不同的領域，因此，處於這其間的雙性戀者，具有一種滲透能力，以流動與兼容並包的方式，拆除掉原有的框架，描繪出新的欲望地景。而fencing作為動詞，則有「擊劍」之意。就如同武術一般，像是一種舞蹈，你的對手同時也是你的舞伴。如果同性戀、異性戀這種單性戀模式，可被視為是我們擊劍的對手，那麼雙性戀同時也是一個第三黨，拒絕遊戲規則，永遠質疑「二元對立」這個遊戲的本身。

這個跨界的存在提醒了人們，世界上不是只有白羊黑羊，還有斑斕的、條紋的、繽紛多彩的。沒有標準答案，也沒有一個「對」的樣子。張開眼睛，打開Bi-dar，情欲光譜遠比你所能想像的旖旎多變。

4 尋找自己的名字，說自己的語言

在台中的一家KTV包廂裡，當大夥兒在沙發區唱得正high，我則和艾瑪，以及其他幾個朋友躲到後頭天南地北聊了起來。艾瑪是個溫暖而細緻的女人，我幾乎第一眼就對她有很深的好感。這是我們的第一次相遇。

事實上，我和這整屋子十幾個人，大約也是第二次碰面而已。大夥兒來自各個領域，彼此很不熟悉，但似乎又有某種共同性把我們牽在一起，以致於一打開話夾子就停不下來，彷彿要忙著在最短的時間內，認識完所有的人，聊遍所有的話題。這是二〇〇六年底，PTT的Bi版版聚。

就在前半年，我還苦於遍尋不到雙性戀受訪者，而此刻，我卻和這麼多認同為雙的朋友坐在一起。我相信，這裡幾乎是全台灣雙性戀者唯一可以遇見彼此的所在了。

「我喜歡男生女生的比例從五五比，現在慢慢挪向是三七比了，以後會怎樣還不知道……」

「我的感情生活到目前為止一片空白，不過，我從小就知道我是雙性戀……」

「我和我女友都是雙性戀喔！」一對長髮的女同志couple引起我的好奇，誰T誰P的問題在這裡顯然不適用於她們。「我們在街上會一起看帥哥，而且，因為大家都是雙，所以也比較能坦然接受對方的過去……」

聽著大家談論自己認同的座標、情欲光譜中的位置，為雙性戀下的五花八門的定義，都徹底打開了我的眼界，比起生活中那些略顯無趣的異性戀同事，和有些嚴肅的同性戀好友們，這群人們身上散發出來的，是一股難以規約的自由氣息，對於各種可能性的包容，允許自己與他人的不確定性，都讓我印象深刻。

「我好希望雙性戀也可以有自己的家，不是只在網路上發發文章……」艾瑪突然說。這句話，像是一顆投入湖心的石子，在我心中微波盪漾著。訪談過程中，好幾位雙朋友都會問我這樣的問題：「我這樣算是雙嗎？你訪問的其他的雙性戀是怎麼樣的呢？我好想知道世界上其他雙性戀過著什麼樣的生活……如果有一個社群，可以看到更多雙性戀的樣子，我就可以比較清楚自己的定位了……」

「一個可以讓雙性戀凝聚彼此、暢所欲言的地方」——我從艾瑪，以及許許多多雙性戀朋友眼裡的盼望，看見了一個可能性。

「我們一起來成立一個社群吧！」我說。永遠記得，當這些句子從我口中吐出的時候，心跳的速度。

2007年同志大遊行中，當我們登上宣傳車，高喊「我是雙性戀」的那一刻，台下的激動與感動，沸騰到了最高點，「我們做到了！」讓台灣看見我們，在同運的歷史上留下足跡。左為作者，右為性別人權協會秘書長王蘋。

2007年，Bi the Way首次參加同志大遊行。雖然忘了帶大聲公，卻沒忘記帶著滿腔熱情，個個喊到喉嚨燒聲。

「好，那我們一起吧！我們去找更多的伙伴……」，艾瑪的眼裡有種熟悉的光芒。幾個月後，這個提議開始在Bi版上發酵……

雙性戀站出來

二〇〇七年六月，台灣第一個雙性戀團體Bi the Way就這樣從網路往現實生活裡延伸。

在台灣性別論述的舞台上，雙性戀議題正式登場。台灣的同志大遊行，終於在第五屆出現了第一支雙性戀隊伍，當宣傳車上的擴音器大聲喊出「我們是同性戀」的同時，在隊伍裡頭，卻有另一群人同時向市民以及同志社群高喊「我們是雙性戀！」她／他們的聲音或許不是很大，但他們的語氣卻很堅

2007年，Bi the Way在同志大遊行中的標語，有「我是敗家女／子」、「有BI有保佑！」、「大Bi iBi進香團」、「Good Bi」等。

定。我們很驕傲地，終於奪回了這個發言空間，讓台灣看見雙性戀的存在。

隊伍中的我們，大部分都不是頭一次參加同志遊行了，只是，過去我們隱匿在同志的大旗幟底下，以同性戀的姿態現身，以同性戀的語言，表達對於主流社會的抗議。我們與性邊緣者站在一起，因為那也是我們的生命經驗之一，然而，關於我們自己，話其實只說了一半。

「去年我想要去同志大遊行，可是左看右看不知為什麼總覺得有點卻步，

倒不是對現身的卻步，而是反覆檢視各種報導，而怕自己『現錯身』的卻步，

兩邊都令我感到一半的親切和一半的隔閡。隊伍震天價響地歡呼著：我是同性戀，

我可以喊我們是同志，但是，我不是同

2008年雙性戀運動者首度站上同運遊行發言台演講。雙性戀的現身，讓台灣這片土地，從此多了一種異質的聲音，一種不同的姿態身影。我們正在親筆書寫歷史，而歷史，永遠是進行式。

性戀！『我是雙性戀！』」

Bi the Way的小So說出了我們所有人的經驗。

我們選擇集體現身，為了要讓人們看見，雙性戀不是過渡期、不是騎牆派、不是不敢出櫃的同性戀，而是活生生的、真真實實的一種情慾狀態，而我們真的存在。我們選擇集體現身，是為了要讓更多台灣的雙性戀者走出雙重衣櫃，看見彼此，擁抱屬於自己的情慾真相。我們選擇和所有的同志並肩，不論是男女同志、婚姻中的同志、跨性別同志，都是我們的戰友，我們也期待未來能有更多合作、對話，與相互理解的機會。更重要的是，雙性戀主體的現身，讓台灣同志運動中「GLBT」的B，Bisexual的部分，不再是紙上空談，而是真正的被實踐了，被看見了，也讓台灣的同志運動成為更成熟、多元、平權的運動。

認同之外

然而，有一個彼此看見、相互取暖的「家」，並非終點，也不是我們唯一的渴望。

每次演講，都不斷有人問我，「既然要打破二元框架，為什麼還要強調認同，

再去創造第三個框框、一個新的標籤呢？」。這是個好問題。既然要鼓勵自由多元流動，尊重個人獨特性慾特質，又為什麼要打一個「雙」的旗幟，搞一個「雙」的小圈圈呢？

即使有點學院，也有點嚴肅，但作為一個初始的運動團體，我似乎無法迴避。事實上，這個議題在雙性戀運動興起多年的歐美社會，早已經過大量對話了。同樣的，八〇年代方從同志社群出走的歐美雙性戀運動者，一開始也是依循著認同政治的路線，以某種固定性傾向特質（雙性戀）為基礎，而建立社群組織，強調自己為受到壓迫的邊緣小眾，反污名、爭取平權認同，運作邏輯與早期同志運動如出一轍。

這個路線，很快在八〇年代中期，就開始受到學院派同志的質疑與挑戰了，想當然爾，是基於反本質論、社會建構論的理論基礎，強調所有性傾向認同都是在十九世紀性學誕生之後，所生產出來的分類標籤，也就

是說，所有我們熟知的異／同／雙／跨性戀，都是在特定的歷史文化脈絡下所建構的框框，而認同政治的邏輯：「我們是ㄨㄨㄨ」的論述，只是更進一步去強化這個牢不可破的分類體系，而用壓迫者的工具，是拆不了壓迫者的大門的。因此，有人批評，以「身份認同」為基礎的團體是開倒車，但也有運動者認為，在現行社會狀況下，認同團體仍有其必要。

一旦某個性傾向的被公開地命名、定義，過去孤立的、不可言說的渴望便能找到歸屬，也將吸引更多的追隨者。認同的好處是，我們可以為自己去重新定義雙性戀的內涵，賦予正面的意義，創造屬於這個認同的次文化，讓它在社會中被看見，被接納。但另一方面，要去創造一個「雙」的性傾向類別的確是困難的，如此流動的生命經驗，要如何被定義呢？而誰又

2008年Bi the Way參加香港首次同志大遊行。圖左為台灣性別人權協會陳俞容，圖右為台灣TG蝶園高緒寬。

可以代表雙性戀發言呢？一旦有人開始「代表」雙性戀者，其他更邊緣弱勢（如勞工、老年、原住民）的雙性戀者，他們的聲音就有可能被掩蓋。同樣的問題，也早就出現在我們的婦女運動和同志運動中。

然而，我必須說，在包容差異的前提下，去創造一個共同的議題，去打開一個空間，讓自由流動於金賽量表中不同數字的、不被辨識的人們，有一個自由呼吸、開口說話的機會，仍然非常必要。

認同為什麼重要？因為，人們有知道「自己是誰」的渴望，在茫茫人群中，找到自己對照於他人的相對座標，以及存在於世間的姿態，看見原來有人和我一樣，我並不孤單。「那麼，你為何不能就只是你自己？為什麼還要為你的情慾來命名呢？」自由派的人問了。當然好！但這樣的說法，很有可能走向兩個極端：一個是烏托邦主義者的終極夢想，另一個則是政治冷感的個人主義者。兩個都沒有不對，也都可以是個人的生命選擇，但對於關心運動、期待世界成為一個更理想公平之所在的人來說，這樣的想法恐怕是跳躍的太快了。

當我們的社會還不允許個人自由地「長成」自己獨特的樣子，還有太多「你應該是誰」的制約框架，對於各種情慾分類，還充滿令人匪夷所思的優劣評比，當一個孩子在成長過程中，仍不被鼓勵去探索自己的身體與情慾藍圖，以致於他永遠不會知道

作者於2008香港同志大遊行中的留影

自己究竟有多少可能性，我們如何說，「你就只要是你自己就好了」呢？

但我必須說，尋找認同，並不是終點。它可以是一個永遠保持開放性的答案，一個暫時棲息的位置，一個階段性的策略。但無論如何，你必須選擇一個站立的位置，一個施力點，才有與他人對話與表達自我的機會。而任何選擇這個（雙性戀）認同標籤的人，必須主動地、透過集體來型塑這個認同的內在意涵。而這個動態的過程，本身就是一個令人興奮的運動能量。

當我們在雙性戀支持團體中講述自己的故事時，理解到，即使同為雙性戀，每個人卻又是如此獨特而不同；當我們寫出自己的經驗、畫出自己的身影，吟出自己的詩，當我們以這樣旖麗歧異的，奇形怪狀的、令人眼花撩亂的姿態現身於世人面前，我們便開始在雙性戀社群的內部與外部，同時創造出一種真正看見差異、彼此尊重、接納的契機與氛圍。

很多人問我，「雙性戀運動到底在運動什麼？」、「雙性戀到底哪裡被壓迫、哪裡被歧視了？」我大可以端出準備好的QA清單，一一列舉雙重衣櫃的「暴力」，敗（Bi）類的「污名」，以及現實生活裡種種細緻的被「壓迫」經驗。然而，我想說的是，一種訴諸邊緣小眾的「被害者」形像，樹立「敵人」（比方，異性戀體制、同志社群言論暴力）、並且爭取「平權」的傳統路線基調，是我們要的嗎？這是我們選擇

2008年香港首次舉行同志大遊行，台灣GLBT團體代表在現場的留影。

用來和大眾對話的語言嗎？使用這樣的語言，無論是面對主流社會或同志社群，永遠都會有「誰比較受害」問題，會有「誰是敵人誰是戰友」的問題。有沒有一種雙贏的可能，可以不要這麼沉重，這麼受害，這麼衝突對立？我們可不可以不向誰「要」，而是「給」出我們原本擁有的豐富美好？

對我而言，雙性戀運動的位置，正是介於異性戀社會和同志社群之間，一個對話、溝通，相互理解的任意門。雙性戀，可以是一座橋梁。在這楚河漢界、井水不犯河水的江湖行規裡，打破牌理，獨創新局。我們是活生生的泰瑞西斯，洞悉門的兩端，各種祕密基地、私藏景點，同時也慫恿魅惑著，門兩端的人們，沒事彼此多走動走動。

這不是戰役，親愛的，這是一場嘉年華。這一次，讓雙性戀當東道主，邀請兩邊的人們一同拜訪我們，來這個流動不居的所在走走看看，且看我們的載歌載舞，聆聽我們的笑與淚。

請，看見，美麗的雙性戀。

5 愛是一種刪去法——一〇一種雙性戀的樣子之一

說說我的故事

一切得從我自己開始說起。有人曾問我，真愛是什麼？年少的我曾無法作答，如今的我，已可坦然地說，「當妳發現愛不是什麼的時候，妳就知道真愛是什麼了。」同樣的，我的認同也是一樣。我是誰？從發現自己不是純異性戀，到不是純同性戀，而現在，則是一個完全開放的可能。生命的驚喜，總來自於未知……

我走上台前，注視著台下數十位觀眾，清了清喉嚨。此刻心跳些微加速，我的內在，對以下我將說的話，已經毫無掙扎，令我緊張不適的，只是不曾在這樣的場合，特別是台上，向一群圈外人吐露。

「……除此之外，嗯，我是一位女同志，我愛女人，交往的『大部分』對象也都是女生。」

沒有人露出異樣的眼光。到底人們心中閃過什麼念頭，我不得而知，但畢竟在這樣的場合，什麼樣的自我揭露都不會太令人訝異。甚至，我看到一兩個人微笑頷首，彷彿在嘉許著我的勇敢。

這是在七年前，某個心靈成長課程上的自我介紹。這裡有一個絕對安全的環境，可以支持參與者暢所欲言，通常，我們會把一輩子最私密的的心底話，與彼此分享。不只分享夢想與渴望，也包括那些生命的黑暗面，難以面對的情傷、失婚與喪偶的悲痛、探索療癒彼此的童年創傷，甚至無法啟齒的受虐、家暴、甚至吸毒的經驗。邊緣性傾向，某種程度上，在這裡並不算一件多麼了不起的大事。

有那麼一刻，當我聽見自己說出「大部分」三個字的時候，心裡突然有個細小的聲音探出頭來，是的，大部分，但，另外其它的呢？不知道有沒有人聽出我話裡頭的矛盾。

那些，與男子們曾有過的愛慕與愛戀，該收往那個盒子裡頭呢？

♡

孩童時期對情欲仍懵懂，只知望著螢幕上的張國榮、女扮男裝的歌仔戲演員會癡癡地心跳加速。男生女生對我來說是模糊的，但我知道，小二的我，已經會偷偷期待隔壁棟六年級的長髮學姐，每節下課過來找我玩耍，有時候，很珍貴的片刻，會把我抱起來，放在她的大腿上坐著。同時，對於前座大眼睛黑皮膚的男同學，會在作文課時把我寫成他最好的朋友，故意用打鬧的方式用身體觸碰彼此，偶爾會低聲的和我說心事，有種喜孜孜的甜蜜。

除了小學音樂班上只有九個男生，一路國、高中念的都是女校，大學又來到男女不成比例的政大，系上的男生一雙手也就可以數完了。不知道是不是因為一路都在女人堆裡，青春期開始與女生們培養出一種細緻的親暱、默契，或者妳可以說，曖昧，不論是情感上，或身體上的。我們會在上課偷傳畫滿愛心的小紙條，留小禮物在對方的抽屜，午休時緊緊纏繞臂膀一同共眠；好友們會說「來，給我抱一個」，然後摟著我的腰，出奇不意從後方偷親一口。心裡常偷偷地列表評分，想說現在最愛的第一名是哪個女同學。好幾次，好友會在我和新朋友走的比較近的時候，悲憤地寫「訣別信」威脅我只能選一個。

那時腦袋裡哪有同性戀三個字呢？女人國基本上就是我的世界了。女人之間的愛與親密是最自然不過的事情。後來想想，對女人絕對的信任感，大約就是在那個階段養成的。

卻從沒想過認同這回事。直到高中愛上同班同學隔壁學號的、那個紮著馬尾、瘋瘋大剌剌、總愛搞笑把我逗得從椅子上跌下來的女生曉馨，開始認真談戀愛，摸索著性這檔事，才開始思考，女人間的性與愛是正常的嗎？同性真的可以在一起一輩子嗎？然而，那個年代是看不見同性戀的。沒有電影、書籍，唯一的一本叫作《孽子》，唯一的一個同性戀叫作祈家威。學校裡彷彿也只有我們一對。

綠衣黑裙的高中生涯，對我來說，不只是慘綠可以形容。

十七歲的某夜我做了一個夢。纖細、長髮、皮膚白晰，那是一張充滿英氣的臉龐，男性的胸膛，卻沒有陽具，非男非女，如妖般鬼魅，我們泅泳在海中嬉戲、擁吻、做愛。在夢裡，深深迷戀上了他還是她。

那是少年時欲望的原型。然而，這個夢，在當時候卻無人可說，無人能懂。我只隱約知道，我和別人不同。

我不正常嗎？在與曉馨偷偷躲在女廁與放學後空盪的教室裡纏綿，讓我有了罪惡感。愛是什麼？性是什麼？快感又是什麼？這個世界上其他的人都過著什麼樣的生活呢？我沒有答案，也無人可問。

然而我們的關係卻是被看在眼底的。導師通知輔導老師，我們被一一叫去「諮商」。好同學們忙著幫我們向旁人撇清，「她們絕對只是好朋友！」畢業舞會時，一位交心的學姐默默地遞來一張紙條，寫著：「做任何妳想做的，別管世人的眼光，我支持你。」讓我潸然淚下。

沒有意外的，就像許多初戀的結局，鳳凰花開，愛情卻凋零了。曉馨愛上了隔壁班另一個聰明漂亮的女生。

初嚐愛情苦果的女孩，在樓梯間哭了一夜。她想，大概是上天懲罰這段不正常的關係吧！也或許是，女生都是這麼狠心？總之，女孩想，她再也不要愛上任何一個女人了……

♡

那是九〇年代中期。女性主義、性解放運動喊得震天價響，同志運動則悄悄竄出苗來。葛羅麗亞・史坦能（Gloria Steinein）的《內在革命》（Revolution from within）讓一個大一新生走進了女研社辦公室。

門上貼著：「反單身・反禁孕條款抗議遊行；女工團結生產線、粉領聯盟、全國大專院校女學生聯盟共同發起」。幾位坐在地板上、剪剪貼貼的女生，抬頭看著我，「新來的喔？來幫忙做海報吧！」就這樣，兩天後，我成為抗議行動劇的一部分。穿著二手的新娘白紗，手裡高舉著保麗龍飯碗，走在忠孝東路上，前方還有警車開道。

過於平坦的胸部實在撐不住新娘禮服，兩個女生好心地來幫我拉開衣服加上胸墊。「喂，有人在換衣服，妳們轉過去不要看啦！」，前方幾個削短髮的女同學聞言立刻尷尬地迅速閃人。不都是女生嗎？為什麼只有她們不能看？

遊行後慶功派對後，一個削著超短頭髮，靈秀好看的外校女生K，自告奮勇騎車送我回家。「呃……我們討論了很久，大家都想問妳一個問題，」騎了一陣，她從機車前坐回過頭來，「妳是lesbian嗎？」我差點沒從椅子上跌下來。她怎麼知道我喜歡過女生？「那，妳是T還是婆啊？」

從那一刻，我終於張開眼睛看見，這一群女生的不同。一半以上的女生都剪著男孩般的短髮，舉止裝扮中性帥氣，有的甚至雌雄莫辨，搬重物載東西她們似乎搶第一。而這群女生之間，也有些微妙的互動，有些人彼此舉止特別親暱。

「我們也研究很久，我覺得妳可能是P，但ＸＸＸ覺得妳不分，但也有一點T的可能……可是有點看不出來耶……」這個女生顯然還不死心。大三前的我，總是留著中短髮，穿著球鞋、襯衫、牛仔褲、帶男性運動錶，身上沒有任何女性用品。T、P、不分的定義，對我這個拉子圈的麻瓜來說，有點太過複雜。

「好吧！那妳喜歡哪一種型的女生？」K問。

誰知道那年頭大學裡的女同性戀全都窩在女研社呢？而我正恭逢其盛。陰錯陽差，接下來的兩年，我就這樣成為了「她們」的一份子。念女性主義、辦刊物、寫情欲書寫（當時稱為「妖言」），當然也身體力行情欲流動。那是一個徹底女人愛女人的世界。在運動的滋養下，我們相濡以沫，我們選擇和姊妹們站在一起。

初戀女友曉馨和那個女生的地下戀情結束得太過慘烈，嚇怕了，決定回歸正途，好好當個異性戀。「天啊，妳怎麼不怕呢？這是一條不歸路啊，不要再這樣了好不好？」她勸我。

當我告訴馨，我愛上了女研社的另一個女生時，她緊張得都快哭了。「嗯……我想，當一個女性主義者也是一條不歸路吧！沒什麼好怕的。」我這樣告訴她，儘量忍住不笑得太大聲。

女同志認同，就在那個氛圍下被非常細緻而牢固地築構起來了。我會特意打扮的「像個」拉子，非常介意別人看不出來我是。你知道，那時候在圈內，「妳很異性戀耶」是罵人的話。代表妳被父權體制宰制而不自知，代表妳很不進步，代表妳想要蒙混過關。

女人國的故事應該一路這樣幸福美滿地發展下去。但不幸的是，有個男生闖入了我的世界。是因為他高高帥帥長得像金城武？是他斯文憂鬱陰柔的氣質？還是他耐心地花了一整個暑假陪我練車到處玩耍？怎麼可能如此輕易落入陷阱？但我就是，這樣，第一次，熱烈地愛上了一個男生，祥。

如同尋常情侶一般，祥喜歡牽著我的手，在校園裡頭散步。但我卻意識到，心底竟有個小警總，讓我不時地會想掙脫他的手。我在恐懼什麼？害怕姊妹們覺得我叛逃了嗎？覺得我終於順服於異性戀社會的壓力，乖乖束手就擒了嗎？害怕被踢出圈子，再也無法被為她們的一份子了嗎？我可以大剌剌地在她們面前分享我對男友的愛戀、熱情與欲望嗎？

恐懼與矛盾讓我開始淡出社團活動，消失了整整八個月。有天和男友走在路上，果然被拉子朋友撞見，她們並沒有來打招呼，於是消息是透過好幾手傳回來的：「陳洛葳交了男友就完全變了個人耶，怎麼那麼小鳥依人，真是看不出來……」，語氣酸溜溜的。

幸或不幸，這段戀情的早夭讓我得以名正言順地重回姊妹圈。她們還來不及多問我什麼，因為很快地，我身邊已有了新女友。

又回到了一個只能辨識拉子示愛頻率的「性別盲」的世界，彷彿一切都沒有發生過。非常「政治性效忠」於自己的同志身份，「我雖然交過男友，但我認同自己是拉子，因為，我想要和女人同一國，和姊妹們站在一起，所以我想要選擇一個較邊緣的位置，這是關於政治。」我曾這樣和拉子友人慷慨激昂地表明心志，贏得她「哇」一聲的讚賞語氣。那的確是基於一種年少時的熱血，自以為選擇了一條艱辛但卻是對的路。但當時卻忽略了，這底層是一個「選邊站」的政治邏輯。隱匿了部分人生的真實，只為了讓我的立場更清晰，更不容質疑，與其說是對別人交代，更多的部分，其實是規避掉了自己內在的矛盾不安。某種程度上，我其實選了一個相對容易的身份位置。

♡

清晨醒來，我爬起身，敲了敲隔壁房間的門，祥就睡在我隔壁。

我們到南部玩，回到他台南的家裡過夜。也許是因為他爸媽就在樓下，也許是沒有經驗的我們根本都還沒準備好，很自然、有默契地，乖乖分了房睡。已經交往半年了，該有的親暱都已經有過了，只差最後一步。我們會在餐廳肆無忌憚地擁吻招waiter白眼，會在我家樓梯口難捨難分，纏綿直到天亮，讓經過的鄰居側目。祥會試探性地，將手緩緩伸入我衣服的內裡摸索著。然而每每到達一個點，我便有意識地停住了，祥則紳士地說聲抱歉。

我迷戀他因打籃球而肌肉結實的臂膀，迷戀依偎在他寬闊胸膛的安全感，可以半個人躲進他大衣裡，被他的體溫包圍住。我喜歡和他接吻必須踮腳尖，可以被他整個抱起來，感覺自己像一隻小小的貓。這是和女人在一起不曾有過的經驗。我欲望他的身體嗎？當時沒有想過這個問題。但我渴望與他接觸，那讓我全身發熱。

第一次看見祥穿著睡衣，頭髮凌亂。他睡眼惺忪地走進我房間，我們一起回到床上賴著。很自然地，我們像往常一般熱吻著，但躺臥的姿勢，讓我們的撫觸比以往更為親密而熱烈。他的呼吸變得更急促了，突然，我感覺到他的下體產生了某種變化，瞬間，我的身體凍結了。我推開了他。祥沒有多問，尷尬地起身。我看見了隔著長褲、突起的男性特徵。這是我第一次親眼目睹。忍不住地有種想吐的衝動，噁心、厭惡、恐懼，完全取代了我對眼前這位男子的愛慕。天啊，這是什麼？這就是男人的身體嗎？

我完全忘記自己對他的愛欲。但他對我的，卻讓我抗拒。那是一種充滿侵略性的、野性的氣息，男人的欲望讓我覺得自己像是被掠奪，我痛恨那種被霸占、被入侵的感覺。所有從小到大，在教育中累積的對男人的恐懼，在這一刻突然爆炸。

「All they want is SEX, and they just want to take something from you！」

「他得到了妳的身體之後，慢慢地對妳就會食之無味了！」

「男人哪裡懂得愛，他們只是下半身思考的動物！」

「他愛的不是妳，而是妳的身體！」

這些聲音在腦海中大聲地咆哮，我幾乎想要奪門而出。我想，我永遠無法接受與男人的性。我害怕、也討厭他們的身體。這些念頭，很快地澆熄了我的熱情。

♡

和第二個女友P的性，剛開始泰半在探索彼此。我們都沒有太多的經驗，對於自己的身體也不那麼熟悉。試著學習放鬆自己，學習和另一個人做愛，讓我發現，原來「性是天性」這件事，可能也並不完全。

一個完全女人的身體，讓我覺得自在。她擁有比我豐滿的胸部，比我纖細的腰枝。就算不見得時時刻刻感覺到欲望與熱情，但至少讓我覺得安全。這讓我得以放鬆地享受彼此的身體。我們會花很常很長的時間在床上嬉戲，裸身擁吻、愛撫，無關乎占有與被占有的激情，比較像是一對孿生雙胞胎，在性愛中溫柔地水乳交融，成為一體。沒有太多的衝刺激情，取而代之的，是無比的親密，用身體溝通著彼此的愛意。

嘗試著進入另一個女子的身體，讓我前所未有地感受到自己的陽剛面。發現原來自己也有想要占有、掌控的那種欲求的部分。感受她的感受，從她的滿足來滿足自己，那激情更勝於自己被動地被取悅討好。我以這個角度，揣摩著男人以及T的感受。

更深一步的探索，還是和Shine的那一段。Shine是鐵T，身體是不給看、不給碰的。她不太能接受自己以女人的樣貌揭露在情人面前。剛在一起的時候還不曉得，擁抱時總覺得少了點什麼。那過於平坦的胸部，貼在胸口時緊緊硬硬的，我鼓起勇氣問她，她才尷尬地告訴我。原來世界上真有束胸這種東西，我還以為是古代木蘭從軍時才需要呢。乳房是一個女人最大的魅力，對我來說。這讓我很不滿足。我無法理解不能接受自己身體的女人是怎麼一回事，但我心疼她，我想，那是辛苦的吧!?在身體上、心理上，都是一種負荷。我想告訴她，我愛的是女人，而不是裝成男人的女人。我喜歡女人的曲線、女人的陽剛強韌，女人的柔軟纖細。

然而，我想，那個社會化、學習成為一個女子的養成過程，對許多女生來說，都是非自然的，如同纏足般的扭曲歷程吧，只是，有些人，從小便懂得如何逃脫，懂得成為自己想要的樣子。其中一些，後來長大了，便成為了T，她們的外型、氣質、欲望模式，都背逆了主流社會的要求。她們看似男性化，卻是男女之外的另一種性別，一個陽剛的女人。所以關於束胸，我反過來思考：基於某些原因，她決定以這樣「去女性化」的方式看待自己、呈現自己，而我們，大部分「正常」的女人，不也是基於某些原因，決定用「胸罩」（甚至用各樣稀奇古怪的鋼圈、襯墊以托高擠壓）來凸顯、建構出自己的「女性化」特質?妳不覺得，胸罩是件極其不舒服、多此一舉的衣飾嗎?當我質疑她為何不以天生胸部示人，我可能得先問問自己，為何不戴胸罩時，會因為擔心激凸而貼上胸貼，夏天穿無袖上衣，一定得先刮腋毛。不是很荒謬嗎？裸女圖是這個世界上最容易取得的影像，但真實的女人卻必須以各種方式來包裝、偽裝、遮掩她們的身體。

有時我不禁想，愛上T，一個選擇以這樣氣質形象來表達自己、行走世間的女人，究竟是愛上她們的陽剛魅力，還是愛上她們活出了我內在的那個男人，那個我曾經被壓抑掉的部分。

但總之，與Shine的那段性關係，我非常享受成為一個真正的女人。

很有趣，當我發現和一個T在一起時，我可以放心地溫柔、纖細、撒嬌、任性、脆弱，甚至毫無遮掩地呈現自己最底層的黑暗，或情緒的歇斯底里。但和一個男人（詳）在一起時，我卻是理性、獨立、強悍、乾淨俐落的。我發現，自己會不自覺地武裝，潛意識裡，我對他們似乎有種無來由的敵意，想要與他們一較高下。某種程度上，我把男人視為競爭對手，而非欲望對象。

或許是因為生長於一個視女性為無物的傳統家族、或許是為了母親在家中卑微的地位不平、或許是這個社會從來就在灌輸女人各式各樣的恐懼、也或許是念了太多的激進女性主義？或許，或許，或許，我沒有答案。但我知道，我無法對男人放鬆。

Shine撤除了我的心防。用她的守候、她的強勢、她的無微不至，堅持而剽悍地扮演起我生命中的天使。而我，雖非處心積慮，終究還是讓她拿掉了那討人厭的束胸了。

「我從來不覺得，會有人覺得我的身體是好看的……尤其是女友……我不知道當她們看見我沒穿衣服會怎樣……這麼女人……我會覺得很尷尬……有點……羞愧……」她這麼告訴我。當我不斷試著用行動告訴她，我有多麼喜歡她的身體時，她的第一個反應是驚訝。慢慢地，她似乎開始放鬆了。我們有時會共浴，而半年後，她拿掉了那條纏繞多年的裹胸布，改穿舒適的運動內衣。

三年。我們熱烈的相戀、做愛、爭吵。獅子和天蠍湊在一起的毒辣嗆，彷彿非得要激烈到了極致，才算狠狠愛過。Shine在身上大辣辣地刺上我的名字，我們相遇的日期，以證明對這段關係的義無反顧。周圍的人大約都把我們視為是一體的了。然而這暴烈天使停留在人間的時日卻無多。二〇〇一年冬，還來不及替我吹熄生日蠟燭，Shine便匆匆離開了這個世界。一體的，被迫分離了。在撕裂的悲傷中，我花了好幾年的時間讓自己再度皮毛完整。

縫合修補，到下一次能夠再愛，已經是好幾年之後的事了。

♡

回到成長課程的教室。台上的我，突然有股衝動想要接下去這樣說：

「但其實……更正確的說，我愛女人，也愛過男人，我應該是一個雙性戀……」，驚訝的是，當眾說出自己是女同性戀居然一點也不困難，但「雙性戀」三個字卻不知怎麼的，哽在喉頭，怎麼也吐不出口。

在那之前，我從未使用這三個字來形容自己。那一刻，腦袋中充斥著各式各樣的衝突矛盾，雙性戀是什麼意思呢？以我過去交往情人的性別比例、性經驗的數字、欲望的程度，還是對於此刻情欲生活的描述？那必須是對稱的五五比，還是只要交過一個異性（或，同性），就算是雙性戀？雙性戀代表什麼呢？腦海中閃過的形容詞是，「魚和熊掌都想兼得」、「腳踏兩條船」、「花心」、「到處招蜂引蝶」、「性生活複雜」、「不忠誠」、「不願意承諾」……

然而這些都不足為懼，對我而言，更沉重的，是關於「背叛」。聽起來太嚴肅了嗎？或許有一點。但這種想像的恐懼，對於我來說，卻再真實不過。這已經無關乎背叛姊妹同志了，而是，自我認同的動搖。過去，我緊緊擁抱的，花了十年建立起的堅強同志認同，在同運中培養起的能量與視野，已經成為「我是誰」的一部分了——如同我是一個女人、台灣人、外省籍一樣，「同性戀」幾乎已經流在我血液裡頭了。然而此刻，卻驚覺，自己原來妾身未明。這黏貼十年，親如肌膚的標籤，如今要撕下，需要一點勇氣。

那是二〇〇三年的時候。為了忘卻Shine，我離開了女同志圈，不再參與社交活動，僅維持少數交心的拉子老友。當時台灣沒有任何雙性戀的資訊、書籍、團體，我身邊幾乎沒有任何自稱雙性戀的人。在這樣的情況下，我不知道，一個人孤伶伶地、冒險地說自己是雙性戀有何意義。

然而卻開啟了一個關於「純」的思考的點。如果我不是百分之百的「純」同性戀、也不是原汁原味的「純」異性戀，那麼，我可以是什麼呢？

♡

妳從來不曾吃過榴槤，即使它的賣相、氣味實在不怎麼樣，但這麼多人吃上了癮，有天妳可能還是會心血來潮，鼓起勇氣，嚐上一口。

就像有一部分的我，對於和男人的性仍舊是好奇的。

經過了這許多年，和杰在一起的時候，某種程度上，我的身體心理已經做好準備了。杰，是個相當陰柔的男子。陰柔到，常有友人試探性地詢問：「如果你是gay可以告訴我沒關係，我不歧視同志的……」弄得他哭笑不得。然而杰毫無疑問的，是個異性戀，儘管並沒有太多男性陽剛。他的身體非常柔軟纖細，毫無侵略性，雙魚易感的特質，也讓他不吝惜以眼淚表達情緒。

和他異常美好的性，倒是出乎我意料之外。一直以為，男人只在乎自己的快感，無心取悅女人，男人一點也不懂得女人的身體，結束高潮便草草了事。就身邊女性朋友取樣到的經驗，這的確也是一部分的事實。但後來我知道了，這並非事實的全部。身體有她自己的情感與情緒，文字、語言無法傳達的，身體卻騙不了人。很驚訝，我們竟能透過身體溝通彼此滿溢的愛意，溫柔繾綣的、狂烈激情的。也是第一次，這樣親眼注視一個男人的裸體，開始不那麼懼怕了，不再覺得陽具是一種武器，雖然，還是有那麼一些些不習慣。他發現，我總是只花兩分鐘就草率解決掉洗澡這件事，抱怨我不懂得寵愛自己的身體，會輕輕將我抱起，走到浴室，溫柔地幫我淋浴，再讓我如嬰兒般滑入已注滿溫水的浴池裡。在熱氣氤氳的小小空間裡，我們在水中緊緊依偎。

那讓我想起了，曾經，有一個痴心的男孩，在我出車禍無法行走的一兩個月裡，每天來接我去醫院復健，為我拆下腳踝的紗布，幫我用熱水清洗雙腳，再裹上膏藥，日復一日。眼前突然浮現那影像，男孩蹲在地上、安靜而細心地為我搓揉掉黑呼呼的黏稠膏藥，報告他每日觀察傷口的結果，「妳的腫塊已經小一點了耶……」怎麼那個時候，沒有留意到，腳掌被男孩厚實雙手捧著的那種溫度，裡頭有的憐愛疼惜？

那些對於男人的敵意，不論是意識型態或身體上，就在這個經驗中慢慢消解了。開始看見，男人和女人看似不同形式樣貌的內外在底下，那些愛、希望、與恐懼，共同性其實遠大於差異。

從那一刻我開始知道，我是擁有去愛不同性別、不同身體的能力的。能夠愛世界上各式各樣不同性別的人，是一件多麼美好而自然的事。透過此，我體驗到生命的完整與豐富。

開始想要統整這十年來的戀愛經驗，去正視完整的我，我的心、我的身體、我的欲望，究竟感受過什麼，渴求過什麼？在認同同志身份十年之後，我又再度像是一個身世不明的孩子了。於是開始尋根，試圖回到真正的家。

♡

「困在女人身體裡的男人」這句陳腔濫調，用來形容Charce卻很精確。

Charce是個跨性別者。一直到國中開始發育男女性徵，他／她才很失望地意識到，自己裝錯了身體，永遠都不會生成她自認應該擁有的陽具。Charce從小認同自己是男生。在我們交往的第一天，她很明確地告訴我「請不要用女友來稱呼我」，才讓我驚覺這個事實。過去幾年間，她已經開始了變性所需的，精神科醫師的診斷過程。

包括參與了一個變性人組成的支持團體。Charce如數家珍地告訴我那些變性友人的經歷與故事，讓我瞭解變性所需的手續與風險。

一開始，這讓我嚇到了。從沒預期自己的「女友」有天會變成「男友」。儘管過去不是不曾交過男友，但如果這個巨大變化是在同一個身體上發生，還是令人驚恐不安。我可以接受這個轉變嗎？我愛她，究竟是愛她的什麼呢？是她藝術家般桀驁不羈的靈魂氣質，還是其實也包括了，掩蓋在中性化裝扮裡，女性化的肉體？我愛她深邃慧黠的眼眸裡，纖細欲碎，卻又深切孤絕，然而，賀爾蒙可以對這些造成什麼樣的影響呢？如果有天她擁有了男人陽剛的肌肉，以及男性賀爾蒙裡的思維與衝動，她還會像個小孩般地和我耍賴嬉鬧嗎？她還是我愛的Charce嗎？到這裡，愛情似乎已經不是靈魂或肉體這樣簡單二分法的邏輯了。

幸而Charce仍在準備之中，家人才是她必須長期抗戰的對象，我則不必太急於去找到以上那些問題的答案。但我想，如果這是我們關係裡注定要面對的，那就去面對吧！上天安排我在這個時間點成為她的愛人，那麼我應是那個有能力陪她度過一切的人吧！

和Charce的性愛，是一場想像的冒險。不像是和一般女人，當然也和男人不同，像是在中間，更精確的說，是兩者的混合體。在我們的性關係裡頭，一直有一個想像的陽具，那是她欲望的延伸。這並不是說我們使用其他替代品，恰恰相反，Charce恐懼那樣的東西會取代了她的意義。那個想像，是真實存在於大腦裡的，做愛時，手指彷彿只是一個媒介，對話與想像才是主角，我們共同描繪那個想像，那些言語與畫面令我們興奮不已。

這是好幾年前的故事了。我們的關係經歷從甜蜜激情到翻天覆地的糾結當中。我們像是彼此的鏡子，映照出最深層的欲望、傷痕與恐懼。她在我面前的影像，是可靠的父親、忠誠的情人、是冷靜理性固執的男人，也是脆弱纖細易感的女人；是反叛而自我的，如同不定時炸彈充滿傷害性的小男孩，也是被動的、缺乏愛的，期待被理解的小女孩。有時候，她更像個初生的嬰兒。那時候，我們便會完全放鬆地玩在一起，彷彿彌補各自度過的孤單童年。

她是我的「意若思鏡」，一覽無遺地讓我看見，那些極端光明與黑暗的，收藏在潛意識角落的自己。浮出了水面，卻讓我措手不及。內在的浮光陰影，投射在她身上，我看見了她，也等於看見自己——內在的男人、女人、以及那個渴望愛，缺乏安全感的小孩子。

我開始重新理解性別這件事。

在開始瞭解自己不僅只是一個生理女人的同時，我對周圍其他人的性別也有了不同的看法。除了以身體構造來界定身份證上的M／F之外，還有更多混雜交錯的內在特質，是無法被工整歸類的。

I am neither Male nor Female, neither Straight nor Gay. I am " Both".

我在筆記本上寫下這句話。

我對Charce的愛與欲，讓我瞭解到，愛情這件事的運作機制遠比我想像的複雜。對我來說，不只是愛男人、也愛女人這麼簡單。當愛來臨的時候，幾乎沒有道理可循。如果異性相愛叫作異性戀，同性相愛稱為同性戀，那麼，誰來告訴我，現在是我內在的男人，還是女人在愛戀著呢？而我欲望的，究竟是對方內在男性的還是女性的那個部分呢？也或者，就是簡簡單單的，全部的我，愛上了全部的他／她。

Love is Love is Love.

唯一不變的，是在愛中的我。不論此刻我愛的是誰，男人女人跨（無）性別，當我愛著，欲著，我便在每一個當下，活生生地存在著，大口呼吸品嚐著生命的滋味，酸甜苦辣鹹。

一路上，不同伴侶的聚合離散，如同四季流轉，穿梭於風情迴異的景致之中。在每一段關係裡，我體驗到內在的轉變，與其說是伴侶的更換、性別的交替，其實更多的，是在這個過程中，自己的成長與蛻變。對現在的我而言，性別，只是一個粗糙的名詞；而伴侶，不過是欲望之鏡，映照出自我內在真實的愛與渴望。妳／你在戀愛嗎？妳欲望的其實是自己，戀人只是附屬品。羅蘭・巴特不是這樣說了嗎？

現在，去演講、採訪或認識新朋友，每次被問及「妳是雙性戀嗎？」我總是笑笑的說，「恩……呀，妳可以這樣稱呼我，或者妳覺得我是什麼都可以……」

You can call me anything, any other name, but,
Love is Love is Love.

後記

這本書的寫作過程中，和從國外回來的初戀女友曉馨見了一面。多年不見的她才初為人婦人母，叨叨絮絮地和我訴說著婚姻的甘苦。討論著她與男人的性與愛。如何適應婚後就像變個人，回家只會盯著電視機喝啤酒看球賽、不做家事的老公，又是如何把注意力與情感轉移到養育寶寶身上。像許許多多千篇一律、通俗的肥皂劇碼，驚訝著在異性戀世界打滾多年的她，早已深諳箇中道理，養成了超乎我意料的手腕與

EQ。聽著聽著，竟有種恍如隔世之感。是啊是啊，繞了一圈，原來我們都是不折不扣的雙性戀，只是後來的人生如此截然不同。

「妳對女人還有感覺嗎？」我問。

「哈哈哈……當然。我後來還曾經迷戀上一個法國女人，妳知道她多有魅力嗎？我每次看到她都會臉紅心跳……那種衝動是對男人沒有的。但妳知道，家人對我來說很重要，我會首先考慮爸媽的看法的……況且，我很想很想要一個孩子。所以，再怎麼樣，我是不會走上那條路的……不過，小葳，妳知道嗎？」她頓了頓，「現在回想起來，妳還是我最深刻愛過的人喔，妳給了我很多很多的愛和安全感……那些事情我其實都還記得牢牢的……如果有天我要當女同性戀，我會願意和妳有個家，但是妳可不能像當年那樣和我吵架喔……哈哈哈……」

我們相視而笑。

忽地場景更迭。十多前那對留著齊耳短髮，綠衣黑裙的相愛少女，從操場的一端，手牽著手，走進未來的風景。如今她們並肩坐在東區嘈雜的lounge bar裡，已是少婦風情。回憶裡年少時的背叛與傷害，早已雲淡風清，但我仍收下她這句話，帶著微笑的。謝謝妳，讓我開始張開眼睛，看見愛情。

6 溢出邊界——一〇一種雙性戀的樣子之二

他從來沒懷疑過自己是個普通到不能再普通的「正常人」，直到遇見了他，他開始溢出邊界……「三十幾歲才開始懷疑自己的性向，會不會太遲一點？」他焦慮的說。

Alex的故事

「妳覺得，我是雙性戀嗎？」

正要按下錄音機的時候，Alex突然收起俏皮，瞇著眼睛認真的問我。

我著實嚇了一跳，這難道不是我們見面的原因嗎？當然，對於我這個剛認識不到三十分鐘的人來說，Alex顯然知道我不會有什麼令人滿意的答案，所以這個問題，聽起來倒像是自問自答。

「其實，我也不知道我是不是，我期待故事結束的時候，妳可以告訴我……或者，講著講著，我就會發現了什麼……因為，這個故事，七年來，我從來沒有跟任何人說過。」

傍晚的電影首映會終於結束了。步下台階的時候，Alex才發現身上的T恤早已被汗水浸濕，這是他的處女秀。第一次登台擔綱主持，他不確定，是不是會被觀眾或是電影公司嗅出他事實上才大三，二十剛出頭的青澀。但一上台，Alex就忘了一切。他是屬於舞台的。

大二進電台實習，慢慢接了DJ的工作，那一次是電台和電影公司合作辦的活動，因緣際會就讓Alex試著接了主持棒。不過當活動結束之後，電台大姊告訴Alex，某位電影公司的高階主管特地要請他吃飯的事，Alex還是略微驚訝。

那是一個看來約四十多歲的中年男子，戴了一副徐志摩式的眼鏡，未經梳整的頭髮微亂，眼角有些蒼老了，卻有孩童般慧黠戲謔的眼神。和他身份不搭調的，還有他穿牛仔外套的方式，痞痞的，將衣領垮垮地向後垂掛在肩上，像高中生要帥似的。

「你看過劉若英和黃磊的『夜奔』嗎？」這是Frank坐下來，劈頭的第一句話，咬字渾圓精準。

「是外省人吧？」Alex心想。「夜奔」的原聲帶是Frank送給他的第一份禮物。

深藍色的封面。劉若英、黃磊、尹昭德，三人手牽手在林中奔跑的畫面。這是個暗示嗎？Alex當時沒想太多。

「你知道嗎？我會找你不是因為你主持得好，而是因為，你實在太像年輕時候的我……」Frank開門見山。

Alex無從想像，自己如何與年輕時的Frank相似。眼前的這位中年男子，擁有所有令他慕羨的特質。他的思想，他的創意，他隨興不羈的生活態度，特別是，他對電影的見解，那種總是可以把一部電影用理論用行銷策略，橫的豎的拆解的天才洋溢，以及把興趣轉化為財富的天賦異稟。Alex暗自讚嘆崇拜，摸索著他的思路，感受著他的節奏，想像著有一天，他真的可以成為Frank。

從那天開始，他似乎踏上了Frank的足跡，追隨他的一切，直到這麼多年後的現在，驚訝地發現，自己真的越來越像Frank了。

「Frank總是用很超脫的身份講一些很大人的東西，卻又用很哥兒們的方式和你玩在一起，四十歲的模樣，卻有一個二十多歲的心靈，對什麼事都睜大眼睛，好奇得不得了……」Alex說。

Frank的身份頭銜、擁有的資源與才華，替他早熟的青春開了扇窗。「妳能想像嗎？那真的是超棒的一段時光！一個大學生認識了這樣一個跟生活圈裡其他同年紀的人完全不同世界的人，你再也無法被一般小朋友的事情滿足了……我就像是小跟班一樣，好想從他身上學到東西……」Alex說。

Frank也欣賞Alex天馬行空的創意。公司有案子趕的時候，Alex會幫忙想idea、寫企畫書。兩個男人上山下海隨興所至，也許突然有一起衝到海邊的默契，只為了聽聽海浪的聲音，也或者，Frank會說，「我們去雲上面走一走吧！」結果，就真去了山上某個超過雲的界線的位置。最好的則是，看不完的免費電影。那時一週總要看上兩、三部以上，在戲院裡結伴並肩而坐的情景，幾乎占據了他所有的記憶畫面。Frank加Alex，等於電影。有時還會多一個加號，那是Alex交往多年的女友偉琪。那時Frank就會拿出三張電影票。也或者，他會說有事先走。

幾乎剛認識Frank，Alex就迫不及待地把這個傳奇介紹給偉琪，他愛說，偉琪愛聽，總是睜大眼，興趣盎然地，也沒抱怨過是不是說得太多了。但似乎，Frank並不那麼看好他們。

「你不適合跟這個女生在一起，她會拖累你，相信我。」Frank曾淡淡說過這麼一句。

Frank一直未婚，當時正與一位女星交往，但身邊的伴侶似乎來來去去。Alex從未將心中的好奇問出口，然而兩年後的某個晚餐，Frank突然主動提起了這個話題。

「有件事我沒告訴過任何人，但我覺得可以告訴你。」

「你相信一個人可以喜歡男人也喜歡女人嗎？」Alex點點頭。Frank頓了頓說，

「可是我不是……」Alex不太明白這句話的意思。

「那麼，你可以想像一個人是無性戀者嗎？對我來說，一個人是男是女並不重要，而是去愛戀一個很美的東西。比如這張桌子，我覺得它好美，我就喜歡上它。這個人很特別，我就喜歡上他，無論男女。所以，我想，我可能是屬於一種無性戀者……」Frank說著，緩緩地將手搭在他的前臂上。意識到Frank這個突如其來的動作，Alex一時不知如何反應。

「無性戀者不就是Bi嗎？」他問。

「Bi還是有分男女的，但我沒辦法分……性別對我來說沒有意義。」Frank答。

「那這樣的生活會不會很亂？」Alex心裡震撼極了，思緒飛奔下，迸出這句話。

「不會，我覺得很自由自在。但我不認為我可以告訴別人，但是我卻告訴了你。所以，我覺得你對我很重要。你就像二十年前的我，突然出現在我面前，我覺得應該要把這件事丟給你……我覺得對你很抱歉……」

Alex自認一向對事物抱持開放的態度，但那些對話卻讓他內心的某部分震盪了起來，「那是什麼？」他問自己，卻無法辨別那些震盪與混亂從何而來。舞台的訓練讓

他保有逃脫的空間，他故作從容地聳聳肩，「不會啊，我根本沒有認真在聽啦……」Alex說，不知道對方是否聽出語氣裡一絲的心虛。

「那就好，聽聽就算了。」Frank似乎鬆了一口氣。

見面的一個禮拜後，Frank消失了。消失的方式非常簡單，他不接電話，也不再回電話。

「我大可以跑到他公司樓下大吼大叫，到電影院前堵他，去他家找他，我也知道他的車子是哪一台。但我的固執在於，如果他不想接我電話，就是不想見到我，所以我什麼都沒做。我只用一種方式找他，我只要他接我電話而已。」

在那之後，Alex每隔幾天就在Frank的手機裡留言，像往常那樣問候他，訴說自己今天發生的瑣事，彷彿電話那頭有人正在聆聽似的。但那支電話卻從來沒有開過機。這樣不尋常的思念，他從未向任何人提起過，包括偉琪，以一種近乎壓抑、全然孤決隔離的方式擱淺著。所以當一年多之後，突然在開車的途中接到Frank的來電，坐在駕駛座上的Alex 整個人跳了起來，低吼歡呼著，眼淚都幾乎掉了下來。

「這可以說是喜歡嗎？跟任何人用這種方式突然道別又突然出現，應該都會讓對方很激動吧！我不知道，我很難分辨這種感覺……」

他們約在泰順街的一家上海餐館，Alex一直記得那天餐廳的擺設、氣氛，兩人坐的位置，甚至各自點了什麼菜色。高壯的Frank變瘦了，也變好看了。仍舊是一派輕鬆悠閒的模樣。

「我最近忙翻了……你記不記得我上次告訴你……」Frank打開話夾子。

「你知不知道你上次告訴我這件事是一年半前的事了？你為什麼要躲起來？」Alex問，略帶生氣的，他知道自己真的介意。

「我沒有躲起來啊，你可以寫email給我啊，我可能會回喔！」Frank戲謔的嘴角些微上揚。

「我在手機裡留言給你，但你從來沒回。」Alex說。

「我這不就回了嗎？而且，你的留言裡從來沒有要我回你電話啊……」Frank還是習慣性地開著玩笑，像是什麼事都沒有發生過。

循例，他們又去看了場電影。散場後步下樓梯，Alex意識到Frank將手扶著他的後背，輕輕撫摸著。他們之間常不經意地展露親密，有時是身體的觸碰，有時是戲謔地為對方搔癢，但這樣的撫觸卻是第一次，Alex可以感受到其中的不同。但最讓他訝異的是，他發現自己原來可以接受來自一個男人親膩的掌溫。就在樓梯口轉角處，Frank開口了。

「告訴你吧，那時突然消失的原因是……就是覺得沒辦法再見到你了，」Frank

帶著少有的嚴肅神情，「我發覺跟你在一起，我的能量流失得很快……我沒辦法面對你，連跟你說話都吃力……因為，你老是想要看穿我，耗掉我太多精力了，我沒辦法面對你，所以我只好躲起來了……」

「你知道今天來跟你見面，我花了多大的力氣嗎？」Frank定眼望向他。

這句話讓Alex驚訝極了。即使他早就感覺到，Frank喜歡他不只是因為他與年輕時的自己相仿。

「學生時代遇到一個大我二十歲，什麼都超越自己的人，每次都想要表現出自己有料，但是他總是可以看穿我。直到他離開了，才知道原來，原來自己一直是對方害怕的對手，原來他的輕描淡寫都是假裝，但那不是因為你的能力贏他……而是因為，他喜歡你。」Alex放下了緊握的咖啡杯。

回家後，Alex撥了通電話給他，閒聊了幾句。沒想到那竟又是兩人的最後一通電話。同樣的模式再度重複。這一次，Alex不得不承認，自己真的非常非常的想念他。

「我是標準的異性戀，但我卻非常想念他，到底是因為時間的關係？太好的互動？太相像？還是因為他一直用這種方式和我保持距離，讓我一直想前進，我不知道我可以前進到哪裡？很想觸碰到他……」

和偉琪劇烈地爭吵過後，某天午夜，台北下著細雨，Alex獨自走到華納威秀，卻沒有好看的電影。強烈的孤寂讓他突然覺得好想有個人可以依靠。Alex再度拿起電話，雖然他知道Frank並沒有開機。

「Frank，我是Alex，我好想你。你知道嗎？我常常就是這麼想你，但是我今天特別想你，你可以出現嗎？你可以告訴我該怎麼做嗎？我受傷了……」當然，他並沒有出現。

「每隔一段時間，我就會留言給他，update我的近況，自言自語。我想，他這傢伙大概每隔一段時間就會固定去聽語音留言，享受我對他的關懷和訊息。但我卻從不去找他。總有一天，我們會在某個電影院前面相遇，他一定又會說『好久不見了，要不要吃個東西？』然後之後又會說，『你知道我剛剛說要跟你吃東西，花了多少力氣嗎？』這種感覺超棒的……我期待那天的到來。」

Alex在無助時常常會想起他。看電影時，Frank的身影彷彿就並肩在旁，總忍不住想，如果是他，會怎麼分析這部電影呢？「我現在也變成一個會因為一部電影延伸好多想法的人，我變的有點像他了，會不會十年後我就變成他了？徹底變成一個無性戀者？他就是那個從未來帶我走到那個位置的人……」

今年九月的時候，Alex終於還是跟交往五年半的偉琪分手。他們曾經是相愛的，但同居的最後半年卻形同陌路。原因很多，淡了嗎？總之幾乎到了無話可說的地步。

和偉琪在一起，Alex覺得，愛裡似乎少了什麼。

「一年半了，有種預感現在差不多是他該出現的時候了。如果現在，我跟他說，我跟偉琪真的分手了，他會不會說，『我就在等這一刻』？那我該說什麼？我願意嗎？也許見了面，才發現原來我也是？」

然而，這七年來，他也就真的固執地始終只用一種方式接觸Frank，像是某種默契或儀式似的。「我要的是，他想見我，如果他不想，就打過去聽聽他的聲音就好了……」

「有時候會想，會不會，現在這隻手機只剩下我的留言？而他終究會發現，打開手機聽留言，等於想我。」

♡

「我沒有辦法跟任何人講這樣的心路歷程，甚至女友。她們不會理解的……要不覺得這只是對一個好友的想念，要不就覺得，我根本是一個隱性的gay！」

「有時候我會在公司開口閉口黃腔，很異性戀好色的樣子，其實是一種保護色，希望別人不會發覺我有可能男女都喜歡。那讓我覺得很安全。花心、好色是我自己拿出來的形象，其他的部分，連我自己都很懷疑，沒辦法掌握，其實我有點害怕，如果我真的是，那該怎麼辦？」Alex說。

「剛剛你說，你是標準的異性戀……」我其實要問的是，「你可以想像，你和Frank之間有身體的親密關係嗎？」

「我不知道……」他沉吟了許久，「真的，我真的不知道……我現在覺得無法想像，但誰知道再見到他的我會是怎樣的反應？」

我呼出了一大口氣。一個多小時，Alex像是個說書人，讓我從頭到尾屏氣凝神把故事聽完，幾乎沒有提問，我成了戲迷，完全陷入情節的氛圍之中，只想知道，那接下來呢？Alex究竟是不是雙性戀，這定義性的問題似乎已經不重要了。

然而故事還有續集。

隔天Alex打電話給我，給了我Frank的電話，問我有沒有興趣聽聽他的聲音。興沖沖地打去，果然直接轉入語音信箱，「你好，我是Frank，現在有事不方便接聽你的電話……」低沉富磁性的嗓音令人印象深刻。嗶聲一響，我趕緊掛下電話。

週日清晨打開電腦的時候，Alex早在MSN上了。

（Alex）～永遠的寂寞 說：

他昨天終於打電話給我了！我高興得差點從椅子上掉下來……

所以我把所有的事情都排開了，所有喔！

我們終於見面了！！！

但是 妳知道嗎 他會回我電話 我想 是因為妳

【相信答案會自然來到心中】（洛葳）說：

為什麼？？

（Alex）～永遠的寂寞 說：

昨天要走時 我問他 聽留言的事 他說 他聽留言 會知道我好不好

也坦承 的確 留言的人越來越少

然後 他提到 他最害怕聽到我的留言 就是不說話

（Alex）～永遠的寂寞 說：

我想想 其實 我這幾次的留言沒有不說話

（Alex）～永遠的寂寞 說：

所以我想 那應該是妳

（換我差點從椅子上跌下來…）

【相信答案會自然來到心中】（洛葳）說：

哈哈哈哈～～天哪！！應該是我沒錯！

（Alex）～永遠的寂寞 說：

我聽完會心一笑 但是當然沒有跟他說

這是我們的祕密喔　我沒跟他說　所以妳也不能跟他說喔

【相信答案會自然來到心中】（洛葳）說：

那當然！

那晚，他們待到餐廳打烊，站在店門口繼續聊著。臨別前，他們給了彼此一個擁抱。Frank說，他其實非常地想念他。會來見他，是因為這兩年他已經慢慢整理好一些東西。他說，自己已經準備好可以告訴Alex，究竟那份特別，是怎樣的一種情感。

「我還需要留言嗎？」臨走前，Alex問。
「不用了，不用了。」Frank深深地看了Alex一眼。
「我給你一個新的電話號碼吧……」

7 愛情雙向道——一〇一種雙性戀的樣子之三

愛情的十字路口，有人往右，有人往左，但對他／她們來說，無關左右選擇，他們在金賽0到6的海洋中來回泅泳。

因為一些偶然，她／他們有些人曾進入婚姻之中，也有些人曾緊緊擁抱過同志認同，然而另一些意外，生命開始向他們展現了更多的可能性。現在，有人仍在情欲的連續體中來回泅泳，樂此不疲，也有人，選擇了在生命的某個階段中暫時靠了岸，但他／她們從不認為，自己從此變成了同／異性戀，也不確定，下一刻生命會不會又出現大翻盤？而唯一確定不變的是，他們是如此地愛男人，也愛女人。

雅的故事：太陽之子男兒國

雅告訴了我關於我所不知道的，男人國的事。裡頭銅牆鐵壁、紀律謹嚴，男兒們個個都得被鍛鑄成剛。我說的不是軍隊，雖然它也是一個獨尊陽剛的世界。

「學校裡風氣非常保守，菁英教育，又都是男生，連老師都是男的，所以只會有男生的話題，比方如何追女生，有男生活動，都是激烈的，如球類、學生會會長選舉。在那種風氣、傳統下，硬性灌輸你的就是這種東西，慢慢就成為很man的男人，就算不man也知道自己應該怎麼扮演這個角色。」雅當時念的是工專，學的是鑄造，除了硬梆梆的學科之外，五年來學到的，是如何成為頂天立地好男兒，腦袋裡盡是強弱、剛柔、勝敗的絕對二元對立。

女人在那個國度裡，是絕對弱勢。「女生很少，但女生和男生混久了會成為同類，長得好的被當成寶，長得不好的就成為哥們兒。因為女生是弱勢中的弱勢，不會探討到她們的權益……」那麼同志呢？「哈，Gay都是些垃圾！」從保守學校出來，雅當時對於同志、非主流的、劣勢的都充滿歧視，「優勝劣敗，比較笨的，跑不快的，都應該被打壓！」

初戀就發生在那個時候，聯誼認識了薇，某大學合唱團團長。「我所有喜歡的女生，都有陽剛的特質，像林青霞那樣，高，不一定很男人婆，不是T樣，但獨立性很強，很陽光，外型要有稜有角，娃娃臉不行，強勢，但我更強勢！」最後一句話顯然是重點。

他們是相愛的，相處得也好，唯一的問題竟然是來自政治。「因為對方父親是外省人退役將軍，忠黨愛國型，我家是本省台獨基本教義派，我爸是『就算民進黨把台灣賣了，也比國民黨把台灣治理成全世界第一強國來得好』那種人。」當時民國八十六年，政權轉移前，台獨某種程度上在台灣還有種禁忌感。因此在雙方家庭都反對的情況下，薇去了美國唸書，身為長女，家裡處處施壓，一年多的戀情就此告終。「唸完碩士後，她就嫁給父親結拜兄弟的兒子。當時難過很久，現在想起來還是很難過……要是能忘記多好？」

天之驕子變乞丐

故事的轉折是從專科畢業後，插大進入大傳系開始。

「五專時是學生自治會的執行長，半個風雲人物，覺得自己很驕傲，什麼都會，我們工專的教育又是的『頭頂著天，腳踩著地，背後有山，眼睛看著前方』典型的太陽之子養成教育，學校會灌輸你很多菁英精神、想法，你的自尊就是那時候培養起來的，可是到了大學，進入傳播的非本科，卻變得什麼都不會，開始自卑，上課躲在最後面，沒什麼朋友……」插班進入大三，系上小團體早已形成，身為轉學生不但備受冷落，更嚴重的是，他根本聽不懂這個世界的語言。

「我們的背景不同，人家講的都聽不懂，同學有一次討論王家衛、關錦鵬，我就說：『關錦鵬誰啊？』『你不知道阮玲玉嗎？紅玫瑰白玫瑰呢？』『好像是林憶蓮演的……』『林憶蓮是唱主題曲的啦！』久而久之他們就覺得你不是我們一國的，久了之後就不找你討論了……」

雅印象最深的是，當時大傳系的實習記者每個人發一台IBM手提電腦，讓學生帶著跑新聞。如果以為，理工相關背景的人理應率先接觸新科技產品，那可就錯了。很難想像，雅過去念的那所位在當時光華商場旁的工專，校方竟然認為「電腦等於墮落」，而班上同學泰半也都不會用電腦。「九十七年時校園BBS剛開始興盛，對許多工專學生來說，玩電腦等同上網找女生聊天，這是菁英該做的事嗎？」雅自己說著自己都笑了。當然後果就是讓雅到了二十歲，電腦使用還停留在會開機不會關機的程度，打字也只會一指神功。

「那時候是很孤獨的一個人……大專同學好友都散了，每天上課下課，你會覺得，怎麼做都沒有人家好，就連老師說我不錯，都覺得好像在安慰我。自尊心就不斷降低，降低到最後覺得自己就頹廢了……」

無處可逃，雅便往社團躲，就在那裡認識了R。學校社團都集中在同一個鐵皮屋裡，雅就到裡面狂練書法，隔壁就是吉他社，有個念X大的男生長得高高帥帥的，因為社團聯展的關係，常跑到這裡來練吉他，法文極好，大四已經準備出國，同時還兼出版社的翻譯工作，以大學生來講，算是有穩定的經濟基礎了。或許因為孤單的關係，不知不覺間，兩人越走越近。

「他給人感覺很像大哥哥，很厲害，什麼都會！」由於很多事不懂，卻又放不下自尊，雅在系上不敢問人，但因為R不是學校裡的人，雅便放心大膽地詢問。「他什麼都優秀，好厲害，就是個男人！他告訴我男人該做什麼！比如什麼時候該體貼，什麼時候該寵你，什麼時候該罵你……」

某個週六午後，雷雨正落得鐵皮屋嗶答作響。雅在洗毛筆，R在調絃。雅問R有沒有談過戀愛？喜歡什麼樣的女生？R說他不喜歡女生，雅也沒答腔。後來有天來社團，R就問雅，要不要跟他交往，「我就說好啊，很快就答應了，一開始想說隨便講講吧，後來覺得沒什麼不好，就繼續下去，交往之後才開始矛盾……」然而在R開口之前，雅完全沒有把兩人親密的互動往那方面想。

「就這樣？」沒有掙扎，沒有猶豫，這個由異性戀跨入同志世界的過程，未免簡單得令我咋舌。

「那時自己的自尊已經被打扁再打扁，壓縮到某個程度，變成你可能什麼都不在乎了，所以是故意這樣的。他問我，我就好啊好啊，好到最後就變成真的了。在一起之後矛盾就來了，我到底是男生還是女生？那時還沒發生性關係，就想，算了，只是戀愛吧，可能日子會比較開心吧。」

「到了大學，覺得自己所有東西都被淘空了，一文不值。已經快要死掉了，需要被別人呵護，自尊心才能往上。R會說，你字寫得很漂亮！我不會的時候，他會說，我幫你做。他會告訴你很多你沒有聽過看過的事……」

陽光男孩似乎不足以形容R。「陽光很大，曬得頭都暈了，像是個太陽神！」

「自己像是在充滿小行星的宇宙裡飄啊飄，看不到前面，突然有個太陽突然出現你的面前，你就會不斷往前游，游到他的懷抱。」雅笑說。

另一個世界，另一個男人國

和R學電腦、學法文、學哲學、也學作一個男人。或許雅在同／異身分轉換上沒有遇到太大窒礙，和R在思考和環境的上帶來的衝擊有關。

「R玩電吉他。第一次去墾丁春天吶喊就是他帶我去的，那時候才知道世界上還有這種東西，第一次去還穿襯衫，被罵神經病……」

R會把傅科、德勒茲、馬克斯的理論用自己的話，像講故事一樣一段段講給雅聽，讓人不會排斥，「反而會覺得，如果不認同邊緣，不認同酷兒，你就是在壓抑他們！」R談自由解放，談後現代、後結構，總是會說「這就是政治、這就是權力」。雅過去所養成的信念，不知不覺就這麼一點一滴地被拆解掉了。

「我從來沒聽過這些，覺得怪異但新奇有趣。我後來覺得他可能用這種方式來認同自己的身份。」雅有時也會跟R辯駁，因為過去教育給他的，是一人在上、一根主軸、金字塔集權的菁英教育，但R所帶來的卻是多主軸、去中心化的思維衝擊。

於是雅慢慢開始接受R全面進入自己的生活領域，包括他的思維、他的呵護與寵愛，「到最後自己似乎扮演了女生的角色，他扮演了男人，他成了那個重心，因為我需要一個中心來支持我。」墜落茫茫大海即將溺斃之前，看到什麼都想抓住的無助，讓R成了他的浮木。

而周圍的環境也提供了一個認同鬆動的可能性。「校園裡（同志）很多，其實也見怪不怪了，慢慢會把心胸打開，因為自己什麼都不會，一定要讓自己融入這個環境……」雅說，「而且兩個人念不同學校，沒有什麼共同的圈子，也沒人知道，加上朋友本來就少，所以沒什麼可擔心的。那時不知算不算戀情，但就是喜歡他，他牽我的手，我不會反抗。」

就這樣，雅慢慢進入了另一個男兒國。

開始跟著R去bar認識圈內的人之後，才知道原來還有這樣一個世界，原來他們也是正常人，而這圈子和異性戀社會其實也相差無幾，有甜蜜有情傷，恐嚇跟蹤的有，快快樂樂去美國結婚的也有。「人生很奇怪，前面的五年是這樣，後幾年變成這樣。回頭看看那些以前的同學，現在還在念理工博士哩。而我，啊！！我竟然成為這些的一部分，這是報應、天譴嗎？」雅哈哈大笑了起來。

誰中心？誰邊陲？

雅說，其實喜歡R的方式跟喜歡女生沒什麼分別，差別在於，自己扮演的角色不一樣。我發現，雅在性別角色互動的概念上，有一套牢不可破的中心／邊陲理論。

「兩個人在一起，一定要有一個中心，這個中心誰來扮演？如果一男一女，一定是男生，因為這個社會是男性中心主義，女性是附屬，所以要去哪裡玩，男生騎車，男生拿主意，你要呵護她，你要把她像寶一樣捧在手心上……」

「在工專的時候，會覺得，自己是那個需要被人家寵的，被人家呵護的人。每個人都需要被寵，你可以被老師寵，被同學寵，他們會稱讚我，我的自尊就從那裡來，我就有另一種發洩，我要去寵人，愛人，保護人，但是一種我可以命令你……的那種，叫你往東不可以往西，中心在我這邊，那時候想法很沙文……」

不僅異性戀社會的邏輯如此，在雅眼中，男同志圈也是如此。「Gay的圈子還是有陽性中心主義，C（sissy man）一定找M（陽剛男人），不會找C，我從來沒看過。因為他不喜歡那樣，他要找的是陽性中心的。如果兩個M在一起，他們要找的，也是那個陽性中心，也希望把自己變成那個陽性中心，他又很愛那個陽性中心，所以他去找一個那樣的人和他在一起。沒有陰柔中心的……」

「如果一個M一個C，C通常是那個在家裡的。不過也不一定，張國榮就是C，但他是那個賺錢拋頭露面的。不論是M是C作主，還是有一個中心在，就是誰講話比較大聲。」雅不斷敘述的，是一種相對強弱的、中心邊陲的關係，大男人小女人，小男人大女人，他看到在異性戀和同志圈裡轉動重複的，是一樣的邏輯。「但有沒有自覺是，要重複異性戀的模式嗎？還是同性相處可以走出一條不一樣的路？」

於是雅接受了、也自動歸位到了那個相對於強者、陽性中心的另一個對應。「跟R在一起，會覺得自己是小女人，你可以胡鬧，可以依靠他，可以把所有都交給他，吃完飯會有人站起來掏錢包，你要出門時等半個小時就會有人來接你，有什麼問題問他就會得到答案。」

然而這個中心／邊陲理論，卻也是個動態的過程，相對性永遠存在，在關係中誰居於什麼樣的位置總有更替翻轉的可能。弱的時候如同藤蔓，需要強枝碩幹任其攀附，但幼鳥也總有翅膀長硬的一天。

「大四升大五，有點地位了，心裡不會那麼惶恐，翅膀長硬了，自尊心也回來了，也是系上最資深的學長，所有以前的光環都回到你身上，電腦什麼都OK了，就覺得說，我跟你沒什麼差別……你怎麼開始吞回你自己說的話？」R的強悍，大抵就像是傳統大男人，權威永遠不能被挑戰。

「他講的話就是聖旨，我開始在某些事情上反駁他，對他一些東西覺得不認同，那時我才發現說，他是一個他說什麼，我得跪在旁邊說是是是的那種人，那我說，你不是說大家都有自由嗎？那我有自己的意見你怎麼不尊重呢？那他就生氣……」蔑視太陽神的權威時，走在路上就得注意天空有沒有雷打下來。

「我後來發現，他不是要把一個人培養得和他一樣高，而是希望你就永遠這麼低就好了。」這段相對性的依存關係在兩人畢業後終告瓦解，但所帶來的影響力卻在雅的生活中持續發酵。

第一次

第一次和同性的性關係是在非預期的狀態下發生，「好噁心！我拒絕他進入……我只能接受用手和口。全身毛毛的，但心裡是開心的。覺得好，也不好，感覺很複雜……」雅從來無法想像兩個男人做愛的畫面，甚至連男男A片都是和R在一起之後才開始看的。結束後，不知怎麼的心情就是無法調適，那一晚，雅第一次拒絕讓R送他回家。

後來R要求進入，雅也就順應接受。「就覺得，隨便吧，但是非常痛，所以就跟他講必須做好一切措施，不能讓我這麼痛，又不是拍片，拍片還有錢拿……」雅大笑，「我（那時）覺得自己要變成一個女人了，覺得自己好賤！雖然是心甘情願讓他碰，但心裡還是覺得很怪……」

「你可以試著比較和男人與女人的性有什麼不一樣嗎？」我問。

「我不能比較，重點是和不同性別的人，我的回應不同……（和男人）我會扮演非中心的，我是回應者、被動的，和女生在一起我是主動者，主動就比較麻煩，你要觀察她的反應，何時要停何時要動。我比較喜歡被動……沒什麼壓力，」雅笑說，「比較不累啊，累了還可以靠么幾句，如果你是主動的話，被別人靠么，哇，完了！怎麼辦？不要動大腦最舒服。」

「那麼看異性戀A片的時候呢？你認同哪一方？」我還是不禁想知道。

「看場合，我的角色可以是陰性也是陽性。當男生幫女生口交，會想像自己是那個男生讓那個女生很高興，同時也會想像自己是那個女生，男人在幫你服務。角色可以在主動被動間轉換，轉換得越來越順……」

「那你未來跟男性互動會不會考慮扮演主動的角色呢？」

「休想！」雅瞪了我一眼，渾圓俐落地吐出這兩個字，刻意半帶嬌嗔，似笑非笑的戲謔（差點沒手捻蓮花指），讓我笑得差點把剛喝的奶茶給噴了出來。

角色如衣服，穿脫自如

從性別角色到性欲模式，雅在和R的關係中徹底轉換，然而這個過程並非自然而然，而是一個相當有意識的學習與模仿的過程，那是一個關於女人的舉止形象，甚至雅還有特定的參照對象。

「開始學習怎麼當一個女人時，我把初戀女友的行為當成模仿的對象，比如說，當對方調情時，你該怎麼回應……」見我不解，雅開始設定情境，「比如我在打電腦，他過來幫我按摩肩膀，男生對男生可能是回一句，你幹嘛，神經病啊？但如果是R呢？我該怎麼回應？因為我真的不會！我就開始想，如果我幫小薇按肩的話，她會怎麼回應我？當時我就把滑鼠放下，把手舉向後方，撫摸他的臉龐……我就開始不斷地回想，以前她都是怎麼回應我的……越來越變成那個樣子，他就越來越高興，因為你的回應是他喜歡的，他就是要這個，這就是調情。」

「所以很多互動都是慢慢學習來的，你要想，如果他不高興了，你就知道這個不能用，就打個叉叉……慢慢推，就知道怎麼他會高興，怎麼樣他會不高興。不過做到後來，就變成下意識，莫名其妙就做出來了。」所以雅想當然爾是撒嬌的那個，那R會撒嬌嗎？我問。「你有看過國王撒嬌嗎？完全沒有。他連我愛你都很少講，雖然我看得出來，可是我很喜歡聽啊……」

在私下場合，雅漸漸會無意間對R做一些小女人式的逗弄調情，但同時心裡仍會跑出個小小的聲音驚呼著，「天哪！我怎麼會講這種話？」

主內主外的事情也分得清楚，家裡煮飯洗衣都是雅。「小薇教我很多，怎麼樣打理、做菜，她教了我怎麼做一個女孩子，她教得很好，後來我自己照著做，也不錯，我還養花。跟R在一起，有時還會像女生一樣，起疑心啊，掏他的口袋……」

角色如衣服，穿脫自如。茱蒂・巴特勒（Judith Butler）的「性別操演」，就這麼活脫脫地在雅的生活裡給落實了。

大五時雅跟一個高帥好看的雙魚座男生在一起，自承是被他很man的外型和聲音蒙蔽，後來才知道他是個多愁善感、全憑感覺、字典裡沒有理智的小孩。在那段關係中，雅說「我開始變成大哥哥了，用以前R那種方式來對待他，我會想，今天流淚的是我，R會怎麼講？」

「所以在這個關係中，換你扮演『男人』的角色嗎？」

「我扮演媽的角色！」雅笑。

出社會後交了幾個女友男友，大抵都沒有與R的那段來得深刻。有趣的是，和男人在一起時自然流露的陰柔，雅刻意有意識地，避免帶入和女生的互動之中。「不會跟女生撒嬌……有時不小心流露出跟男伴相處的方式，但很快就回來了，我警覺性很高。她會說，你神經病，我就會用更誇張的方式來掩飾，她就知道你在嬉鬧，就不會放在心上，那我就鬆了一口氣……」女友也並不知道他交過男友的過去。

以後如果和女生交往，還會拘泥於男生的角色嗎？「起碼要有，但會比較有彈性。兩個人的相處一定要有一個中心……只是說你不要把這個中心僵化掉了，男生女生都一樣。」雅還是很堅持。

認同的否定再否定

對雅來說，他的認同過程似乎是否定句的組成，像是：我「不是」異性戀、我「不是」Gay，我可能也「不是」雙性戀……一個排除法的過程，至於他到底「是」什麼，這個過程仍沒有到達肯定句的終點。

一開始，雅也曾有認同恐懼。「有段時間會想，我要變成Gay了，天哪，怎麼會這樣？但就是想不久，先放在腦後，自己的事情都忙不完了，沒什麼時間胡思亂想，有個人在身邊也不錯，愛他嗎？愛！那我們之間的關係是什麼？不知道。有時會對鏡子自問自答：『你是Gay嗎？恩，應該不是。』『可是你的所作所為就是啊！唉，我也不想這樣啊……』，就開始滿滿的問號……」

為什麼不說自己是雙性戀？「後來就想到『雙性戀』，可是又不是，我拒絕這個，因為我認為，這不是性別問題，我是對人，當然你在性別上的適應很重要，就是在每個情況下轉換不同的角色……」雅說，「我覺得雙性戀這個詞，是指兩邊都可以接受，我不是一定兩邊都可以接受。不是性別的問題，而是你喜不喜歡這個人。如果我喜歡他的特質，不管他是同性戀異性戀變性人都好。」

雅對雙性戀的定義，顯然是基於「性別特質」上的需求，認為雙性戀就是兩性都喜歡，兩性都需要，在這個定義的前提下，他會認為自己並不是雙性戀。那麼，如果容我替雅的認同妄下眉批，找個差可比擬的形容，或許「陽性戀」？我看到的是，從頭到尾，引起雅欲望的是一種主導性的、強勢的「陽剛特質」，無論這份陽剛是展現在男人的肌肉還是女人的線條上。差別只是在於，對方的生理性別，會引起雅有意識地扮演起不同的對應角色。

「其實那個時候（大學）我真的很需要一個人，如果身邊是一個陽剛女人，我也會去抓住她的手，問題是那時候出現的是個陽剛男人，而且他對我影響很大，因為他告訴我怎麼樣去做一個男人。」

「其實我在『雙性戀』裡面學到最多的是，藉由跟女生交往的方式，學會作一個女生，在藉由跟男生交往的方式，學會作一個男生，性對我來說是次要的，甚至有點抗拒……學到最多的是，你要對別人尊重，每個人有自己需要的東西。」

順著這個邏輯，我提出了一個想像的問題。既然欲望的是陽剛，那麼女同志式的女性陽剛（female masculinity）呢？

「我現在喜歡的那個女生就是拉子。她原本是T，後來裝扮就轉變成女生樣，我很喜歡她的陽剛……」Bingo！假設成立。雅說，以上那些故事都是過去的他，是死了的否定項，他要從那些灰燼裡活出來。他覺得自己現在的位置應該是一個，生理男性、心理女性，而這個「她」，愛女人也愛男人。

所以，究竟雅是「生理男性女同志」（male lesBian）？「生理男性男同志」？「生理男性雙性戀」？還是……而這個「」裡的答案，有那麼重要嗎？

小琛的故事：那個女人愛女人的年代

「他真的是一個好人，比我大幾歲，如果我沒有跟他分手，我們大概就是會結婚生小孩的那種，現在就在某個公園帶著小孩散步……」小琛的眼神飄向老遠，那停頓的片刻，我其實不太能分辨，這其中複雜的情緒。

咖啡館二樓的露天座視野極佳，從手邊的木製欄杆往下眺望，擺著簡單木馬溜滑梯的迷你社區公園裡，假日、陽光、奔跑的孩童、一旁看顧的家長，耳邊時而傳來的嬉鬧聲，彷彿讓那幅畫面躍然若現了。但畢竟，在某個岔口，她選擇了另一條路。眼前這位女子，身上隨興穿著小可愛搭配工作褲，清秀率直，你或許不至於猜測她的性向，但絕對和妻母的角色身份沾不上邊，甚至，你很難猜測她的年齡。

高中和一個男孩有過非常柏拉圖式的初戀，大學也有過穩定男友，其實一切可以就是如此順理成章地發展下去，那麼小琛擁有的將會是一個很典型中產異性戀家庭的人生藍圖。當時校園裡女研社興起，一群好奇心旺盛的女人，女性主義式的探索嬉戲，帶給了小琛一雙新的眼睛，看見了結構壓迫，看見了身為女人的性別位置，看見了自己的情欲，更震撼的是，看見了女人之間愛欲的可能性。

那時小琛在女研社裡認識了包括楚子、小浮等一大幫子的女同志，對她來說，這些人不僅只是新認識的好姊妹，「我從她們身上看到……啊！怎麼會那麼……愛！比如說，這個女生說什麼，她的女友就馬上接下去她要講的話，或是她們非常親密的互動，那種撒嬌啊，打架……我覺得好特別喔，好深入的戀情，我有點被震撼到了，我覺得這應該才是我理想的戀情吧！我就回頭看我的男友，我怎麼會跟你在一起呢？你根本不瞭解我……從那時我就下了一個結論，男人是不可能瞭解我的。」

所以去探險

於是，小琛決定了非要跟女生談一場戀愛不可。「我從來沒想過我會對女生有欲望，完全難以想像，因為我想要跟她們（拉子）一樣有那麼好的關係，所以我開始去調整我自己，然後去找對象。」

聽起來似乎有些叛逆地反其道而行，但在那性解放、同運萌生、校園女性主義蓬勃發展的九○年代初，那種急於打破、急於嘗試的氛圍，某些隱誨的界線被跨越了，許多人的生命軌跡在那個越界的過程中從此扭轉了。左手拿何春蕤的《豪爽女人》、右手執邱妙津的《鱷魚手記》，女性主義為理論，女同志為實踐，是為校園女同志的精神指標。

一場關於愛與禁忌的探險就此展開。小琛的女同志情欲經驗，竟是由腦袋帶動了身體，「以前我對女生沒有欲望，是因為我根本不懂那跟愛情有什麼關係，但我把愛情的想像放在頭腦裡之後，就變得好快喔……」

如何從異性戀養成過程中欲望男性的模式裡，向未知的彼端一吋吋挪移，而那個想像的圖像又是什麼模樣？「那時候因為社團的關係，我就活在那樣環境裡，其實那個好重要喔，那種圈子裡的氣氛，我們會一起去T吧，會玩遊戲，玩接吻傳冰塊阿，去看女同志電影，裡面有一些欲望的部分，或是看身邊女生朋友在打情罵俏、吵架，整個生活都在這樣的環境裡，所以我腦袋裡想的也都是這些，就跟她們學，那會被感染。」小琛說。

就這麼自然而然的，從社團擴大到各大專院校的拉子圈中，小琛真的愛上了一個女生，整整甜甜蜜蜜戀愛了三年。隨著學生生涯的結束，戀情告一段落，除了原本較為親密的幾個姊妹，進入職場後不知不覺與同志圈漸漸疏離，這時她又起了想玩的念頭，短暫交往了幾個男友。

「那段期間，似乎是一個很混亂的過程，我好像是個什麼都不像的人……留短髮，很愛抽煙，很酷，喜歡穿襯衫長褲，不會撒嬌……」拉子的氣味在小琛的身心留下了痕跡，從男到女的對象轉換似乎輕而易舉，然而重回異性戀生活卻不知怎麼就是格格不入。

愛女人，所以忘了「女人的樣子」

或許是因為，她忘了或生疏了扮演「女人」該有的樣子，於是與另一個邏輯上應是相對的性別對象互動的時候，總不時角色錯位。「那時很久沒有跟男生談戀愛了，已經忘記男生喜歡的女生是什麼樣子了，所以在跟他（男友）在一起時，我也是一個很中性、很酷的女生，那時完全不懂什麼叫作『異性戀女生』的樣子……」

「我們的性關係，我覺得很好，但他抱怨很多，他覺得跟我做，好像在跟一個男生做，因為我那時候的樣子，其實很中性，不論是外型還是態度，都不是很女性化，因為之前跟女生在一起，我覺得我就是這樣的人啊，沒有很妖嬌的氣質……」小琛在提及一段和男友不愉快的回憶時，這樣描述。

也或者，並不全是因為在女人國裡忘卻了那個「標準」的腳本，而是，那段探險的旅程讓她發現了更多的自己。「我所有的女友都覺得自己是T，但在一起之後，我都覺得我反而比較是那個……」小琛誇張地做了一個保護者的動作，調皮地露齒而笑，「比如說跟頤在一起時，我很喜歡她跟我學貓叫、裝小孩，或是在我身上磨蹭，我都會摸她說，乖……我會覺得好滿足喔，很high。穿著上她們可能很T，別人也覺得她們是T，但是在關係裡面，我就主導性比較強，我喜歡做決定，喜歡保護、照顧別人，我非常喜歡這樣的扮演，讓我覺得自己好有用……」

「那你跟男人在一起會流露這一面嗎？」我問。

「喔，不會，完全不一樣。」

惡夢

「跟我（大學）女友在一起的那三年時間，幾乎一個禮拜會有一兩次做惡夢，夢中是各種不同的劇情，但結局都是我媽媽發現了我跟女生在一起，我常被嚇醒……我以前是女研社的，又搞這些（婦運）……沒想到原來這壓力對我來說是這麼大！」

小琛的壓力來自於大學時期發生的一件事。那時她和頤在一起，覺得媽媽一定不知道什麼是女同性戀，就明目張膽把頤帶回家過夜。有天小琛和頤正在床上玩，門沒關，被媽媽撞個正著，但當時小琛沒有發現。從那天起，小琛的媽就對頤的態度非常壞，幾個月之後，小琛的姊姊告訴她，媽媽早已發現她們的關係。

「有一天，媽把我叫進了浴室，問我為什麼要跟一個像男生的女生在一起，那時我還很年輕，不懂得成熟地處理，馬上惱羞成怒，大吼說，跟女生在一起有什麼不可以？我媽叫我小聲一點不要給鄰居聽到，我就哭……」從此以後，母女兩再也沒談過這個話題，但卻變成小琛一個極大的惡夢。特別是跟女人在一起的時候，莫名恐懼總如影隨形。

直到那個女子出現……

說到這裡，她突然頓了頓聲，預示的語氣與神情，像是劇情裡某個關鍵角色即將上場。如果愛情故事裡總會出現刻骨銘心的殺手級人物，那麼在小琛的版本裡，就是那個牡羊座女生了吧。大學時代她們就在圈子裡相識了，阿祖是朋友的朋友，很幽默風趣的一個人，身邊女友沒斷過，有一次她失戀，小琛跟著大家去安慰她，感覺竟來得飛快，一個禮拜後兩人就在一起了。

「我們在一起非常好，她是第一個讓我覺得，原來有一個人可以……」，句子停頓了好一會兒，「……這麼愛我！」我發現小琛哽咽了，眼眶濕潤了，即使這已經是六年前的事了。「我從她身上學到怎麼樣去愛別人……」小琛細數著過往，她們生活步調、興趣、與身心上的契合親密，永遠聊不完的話題，不時出現的甜蜜驚喜，那是她遇過最熱情幽默的情人，也是她擁有過最舒服溫暖的關係。所有的朋友，包括她自己都認為她們會在一起一輩子。直到分手前，她們還維持著睡前躺在床上天南地北聊上一兩個小時的習慣，所以當阿祖提分手的時候，小琛的世界幾乎全然崩塌。

「在一起第三年，我不想工作了，想去旅行，就出國去了四個月，但還是每天和她上網聊天，寫信，原來她在台灣就有了變化，她是那種很怕一個人的人……她從來沒有跟一個人分開這麼久，就喜歡上了別人。」阿祖就這樣以不可挽回的姿態，無法煞車地向另一段感情飛奔而去。

「我從來沒有怨過這件事，因為我知道感情就是這樣的，妳無法去怨任何人，因為我太瞭解她，她是一個很衝動的人，如果愛上一個人她一定要試試看的，所以後來我們就分手了……」

如果可以，那段慘透了的日子小琛或許會從記憶中直接拔除。分手後，偌大的房子只剩下小琛，每天下班就開始上網到聊天室找男人，覺得不錯的就約出來，這樣的生活持續了約末兩三個月，「我想要從這種莫名其妙的關係或一夜情裡得到一點安慰吧！或得到一點……原來，我還有用，原來，別人還會喜歡我，原來，時間可以這樣打發，像中毒一樣，每天都做這的事情……」現在想起來仍覺得不堪，小琛說這輩子再也不會回去過那樣的生活。

就在那段時期，小琛在網路上認識了一個很好看的英國男人K，簡單、善良而幽默，不過和女人戀愛的狀況完全不同，他們在一起不太能聊什麼，不只是因為K濃濃的英國腔，而是對於男性伴侶的不抱期待。

「我從來不預期我跟男生可以有很好的感情，那是我自己的預設，我覺得我跟女人可以有很心靈的交流，我也不知道為什麼會有這樣的自我設限。我們有很愉快的肉體關係，在一起就看電視啊，吃飯啊，不太多聊什麼，打打屁這樣，這部分後來也滿吸引我的，原來那種很穩定很輕鬆的在一起生活，也是一件滿好的事。而且很重要的是，不用害怕被發現。」和K在一起之後，那些被家人發現的惡夢與陰影，就從此消散了，取而代之的，是前所未有的輕鬆。

「跟他交往的時候，我還是覺得他不是很瞭解我。可是某種程度也是我沒有選擇讓他瞭解我。我就找到一個沒有壓力，滿舒服的地方，就這樣跟他相處，我也覺得滿愉快的。」

「那麼，妳愛他嗎？」在訪談之前就輾轉得知小琛和K的這段故事，雖然早已知道了結局，我卻還是忍不住問。

「是的，我愛他！」清朗明亮的眼神裡，有種不容置疑的肯定。

遲來的交心

跟K在一起時，小琛並沒有把交過女友的事告訴他。

「原來我還是一個有homophoBia（恐同症）的人……這真是一件很荒謬的事，我在某些對象前，比如說我的父母，我的男友……因為我不知道我跟他說，他的反應會是什麼？為了省麻煩，我乾脆不要講，萬一我告訴你，你忽然覺得很變態，你不能接受，那我乾脆還是不要說好了。」小琛其實也有私下試探過，發現K對同志的態度挺開放的，可是她還是選擇不說。

「但是，曾經跟女生交往過、對女生有欲望這件事，其實是我很重要的一部分，當我選擇在我的異性關係中不說，那麼，很遺憾的是，他就不瞭解我很重要的一個部分，而且我竟然也就覺得，可以不讓他知道。」

經過阿祖那一段，小琛對於過於親密似乎有種恐懼，對於K，小琛很小心翼翼維持住某種距離。她發現同居會讓情人間關係愈加緊密，在無法預期K會留在台灣多久，自己又會產生什麼變化的情形下，交往的一、兩年間，便沒有住在一起。然而隨著兩人發展出的穩定關係，似乎隱隱指向了紅毯的可能性。K父母決定來台灣看看未來的媳婦，然而就在他們來台之前，發生了一件事。

這一次，小琛掩住了口，無法言語，淚水幾乎潰堤。

K去世了。那是七個月前的事。死因為風濕性心臟病。

「其實我跟K在一起時，我知道我愛阿祖勝過愛他千百倍。當時我真的很保護自己，我們真正最要好的時間，就是他生病住院的那一個多月，我們很快就變得非常好，那時候我才知道原來他是可以聊天的人，原來他是可以懂我的人，可是我們在最後那段時間才開始那樣的交流，我也在那最後一個月裡，對他的愛變得非常多……」

突然罹患重病，讓小琛看到了過去沒有機會瞭解的K的另一面，K旺盛的生命力與樂觀的天性震撼了她，即使病臥在床，K仍時時安慰她，給予她力量，一心相信自己能夠康復，可以繼續和小琛在一起，繼續他們的人生，只不過，故事卻只能這樣戛然終止。

「我不想白白遭遇這件事，他真的改變我很多，我覺得以前是個真的是個很自私的人，腦子裡都是自己，這件事之後，比較能夠體會別人的痛苦，比較悲天憫人一點，我開始覺得承諾是重要的，也是跟這件事有關……」或許是累了，現在對她來說，關於愛情和欲望的種種彷彿已距離她很遠了，身邊縱有人來人去，也無心再戀棧停留於一段關係中。

關於性

「做為一個雙性戀，就會有人不斷問妳說，是跟男生比較好還是跟女生，可是我有時會覺得，那是看對象耶，我真的不覺得我可以這樣區分……可是如果那個對象是對的，性的部分就會是對的……」

小琛的第一次是跟男人。一般來說，她很能享受和男人的性關係，但第一次和初戀男友，兩人也曾經過很長的學習與摸索期，甚至還為此翻書查資料。她坦言，或許是因為有太多的學習管道，和男人的性關係似乎較沒問題，至於女友，即使她已經交往過三任，到現在仍不確定自己在性的表現上如何。

「我覺得跟女生做比較累。老實說，一直到現在，我都覺得我不是一個很會跟女生做的人。我覺得在性的關係裡，我是一個很懶惰的人，又很……我不是那種可以花很多時間在性的上面，我喜歡那種短的，快的關係，我不喜歡很久很漫長的關係，比如說，二十分鐘一次，我覺得滿好的，妳要我搞一個小時，我很容易累。跟女生……確實我要花比較長的時間去讓性變得比較好。所以在一開始交往的前兩年，性都不會是個問題，因為妳會很願意去花時間，但是，當對對方身體比較遲鈍之後，我就覺得跟女生做比較累，因為妳要去取悅她，要花比較多的時間和力氣。相較於跟男生，就變得好容易……」小琛說。

「好糟喔……跟第一個女友，她也需要我主動去為她服務，在對身體的激情結束之後，我不知道我到底有沒有取悅到他，她是不是裝的，她真的有被我滿足嗎？我就常常問我的女生朋友，到底技術上怎麼樣可以取悅我的女友？後來她就愛上別人了，某種程度上我會覺得是不是我做的不好？」

然而和阿祖的關係卻是個例外。「阿祖曾經渴望自己可以擁有陽具……我聽了嚇一跳，就開始安撫她……我很心疼，我可以瞭解這好像是她很大的缺憾，雖然很荒謬，可是我真的好想秀秀她……我想我跟她的性那麼好，其實可能跟這個有點關係，她很主動，會扮演很粗暴的樣子，非常match我！」

「不過對我來說，性之後有時反而更重要。做完之後，你們可以說很多話，比方前戲是調情，還有所謂的後戲。做完之後，也是性的一部分，後戲對我來說很重要，會讓我變得更滿足，因為我覺得做愛除了身體的滿足，可能還有……你們到底是如何相愛，有時候可能是做完之後互相講講話，那時會有更深刻、更有安全感的感覺。」

就這個部分，小琛和女人的關係就遠勝過男人，「男人通常完事之後，就抽個煙，跑去看電視、上網什麼的，或者就睡著了，那是一個蠻大的差異……」小琛笑說。

♡

「那麼現在呢？現在的妳，對未來有什麼盼望？」我鬆開了握筆數小時微酸的手。稍早那雙凝視樓下孩童嬉戲的清朗眼神，此刻突然悲傷了起來。甚至，我以為，我看到的，是底層浮現的一絲恐懼。

「如果要說一種很政治不正確的話，我會覺得，從任何指向來看，如果未來選擇一個男生，我的人生就可以簡單多了……性的部分我可以不用這麼焦慮，也不用怕被媽媽發現了。甚至我覺得，年紀大了，想要結婚了，跟個男生交往會變得很輕鬆……」小琛說，「上一段跟那個女生，這樣愛愛愛，然後就分手，讓我覺得在這個社會裡跟女人談戀愛一點保障也沒有……我終於瞭解為什麼有人會真的跑去法院結婚，因為那樣，分手不會那麼理所當然和容易……我這樣講會不會有點蠢蠢的？」小琛說著說著自己笑了起來，「我覺得公開的承諾突然變成一件很重要的事。」

我刻意把認同的問題擺在最後，小琛搖搖頭。「我覺得我的認同其實很混亂的，即使到現在，我還是不知道自己要什麼？在遇到阿祖之前，我都以自己是一個Bi而滿高興的，因為我覺得很幸運可以跟女生在一起，因為我本來不是的。可是跟阿祖分手之後，我反而覺得，Bi好像是一個負擔，因為我變成大人了，我有了大人的害怕和壓力，那是我小時候不懂以及逃避的事情，現在的我只希望一切簡單……」

「我現在單身，某個片刻我甚至可以忘記，我曾經是一個Bi，好像跟我沒有關係，我沒有任何線索。尤其年紀越大之後，妳更難遇到讓妳心動的女生，她們都在哪裡呢？對不對？有時候妳就會忘記，妳曾經或妳現在是一個Bi這件事。」

離開了那個姊妹圈，過去彷彿是上一個世紀的事了。

「以前跟男人跟女人的那些事，我只想都忘了……」小琛說。

Sam的故事：拼一個愛情藍圖

其實我心裡一直有一個畫面：在一個日式的矮房子前，
有個五、六十歲的老頭子，戴著眼鏡在看報紙，
他的老婆端茶過來說，老公喝杯茶吧，
然後兩個人再一起手牽手去買菜……
那個畫面我還是非常的渴望，對象不管是男人還是女人……

每個人心裡都有一個關於愛情的藍圖，而Sam的，就是這一幅。於是，每一段關係，都像是一塊拼圖碎片，他終其一生尋找的，不過是藍圖中遺落的那一角。

女人——「那一句我不懂得體恤，影響了我一輩子……」

「我最愛的女人是我的初戀，但那也是我一輩子的痛……」Sam說。

僅是一般尋常男人的模樣，但Sam的言語互動間，卻有著不著痕跡的細緻溫柔。以致於那些日常瑣碎的記憶片段，從他的口中說出，有種恰如其份的浪漫。

「年輕的時候沒有錢，但有的是時間，我們都好愛唱歌，常騎一台摩托車，去繞政大的山路，一人買一瓶飲料，邊騎邊唱，特別是愛唱張清芳的……禮拜一或四公休，我們兩個就花兩個多小時騎車到十分寮，沿路唱歌，晚上再上山去看夜景……在一起的那幾年時光，約會幾乎都在那台小ㄅㄨㄅㄨ上度過的……」

「我好喜歡和她去逛超級市場，好甜蜜，很有家人的感覺……有時候回到家兩個人都淋濕了，我會趕快幫她擦頭髮，吹乾，換衣服……其實我覺得女生最性感的時候，就是半裸罩著一件男生的大襯衫的時候……」Sam說。

「但那時候比較笨，不懂什麼叫體恤。女生都有生理期，那時候男生正值體力最旺盛的時候，根本就不曉得，有時候晚上想帶她去走一走幹嘛的，但她生理期不舒服，我們男生不瞭解，我就說，妳有很不舒服嗎？沒有，那就走啊，幹嘛這樣子，不高興妳要講出來啊，然後我就掉頭就走。常常都是因為這樣的事情，有時我會跟出去和朋友玩，一個晚上沒回家……」

「有一次我很過份，那天員工旅遊，我不知道她生理期提前。我們公司安排去亞洲樂園，我不知道她會暈不能坐。我就跟其他同事玩得很高興，玩完就回過頭說妳幹嘛不玩，跟她說，如果妳不高興你就不要出來啊，妳出來擺一張臉要給誰看？她也沒有跟她同事講說她那個來。所以那次回家之後，我一直要找她，她都一直不出來。後來，我被公司調到另一個地方，就沒有辦法陪她一起下班了……」

「情人節那天她躲了我一整天的電話，我覺得不對，提早下班去找她，她裝忙，臉上表情很驚恐。我要她把事情說開，她卻不停地哭泣，把我送給她的戒指項鍊都還給我，一直說我們不適合在一起，我不懂，所有人都覺得我們是最親密的一對，連他家人朋友都覺得我們很好，為什麼呢？她不願意告訴我原因，也不給我任何挽回的機會……」

「很久以後我才知道，那時她很不快樂，有天和一個在店裡追她很久的客人去唱歌，把她灌醉，然後帶回家睡覺，回來我就發現不對了。我一直問她怎麼了，怎麼了。因為她覺得她已經對不起我了，沒有臉再跟我繼續下去，所以她選擇分手……」

Sam一直在等女孩回頭，即使後來女孩有了新男友。「我說，妳知道我家住哪，妳知道我的Call號碼，如果妳不快樂，任何時間任何地點，妳都可以找到我。」要去當兵的那年，Sam終於鼓起勇氣告訴女孩。

在當兵時，他曾在路上巧遇她。得知她才剛結婚沒多久，Sam不敢久留，怕被她的先生或朋友撞見，簡單問候了幾句，「我只有說，我的電話還是沒有改……我一直都還是希望她會回來找我，」Sam間接從旁探聽到一些消息，婚後女孩過得很不好，「在我當兵第二、三年她就有小孩，但很快就離婚了，因為家暴。朋友也問我說，我為什麼不回去找她？我說，我無時無刻都想回去找她，可是，我要用什麼身份呢？」

說起這段往事，Sam雲淡風清的笑容裡，卻有種淡到幾乎難以辨識的，惆悵的痕跡。

「就是當時那一句我不懂得體恤，影響了我一輩子……所以之後的每一段關係裡，我都盡可能地去體貼對方，我才開始懂得，在一起不只是戀愛的感覺，而是要付出，無條件的付出，才是愛……」Sam說，「像是在彌補什麼吧！即使我知道有些事，過去的，是永遠回不來的……」

男人——「他長得很像『王的男人』裡的李準基，很美」

二十七歲那年夏天，Sam就這樣一個人傻傻地騎著摩托車，在台北市街頭尋找一家名叫「Funky」的Gay Bar。在那個網路並不發達的年代，Funky這個名字還是他從電視中無意聽到的，於是，只要是F開頭的店，他就進去喝杯酒，坐一會兒，不是？那就上車繼續找。平安夜那一天，他在省計處附近的街上，看見一間地下室門口聚集了五六十位各色型男，在那一刻，他知道自己終於找到了這群人。

「從國中開始，只要有男生對我噓寒問暖，關心我，我就會有那種好像戀愛的感覺。無時無刻去想他，想知道他人在哪裡，我那時就知道，我可能有這種傾向，但一直沒機會多想……」

Sam的第一次是在十六歲。那是一個在打工場合認識的大哥，大他超過一輪，生活上疼愛他照顧他，偶爾會在校門口等他下課，順便帶一碗蚵仔麵線，生日會出奇不意送他禮物。這是男人的友誼嗎？還是長輩的照顧？Sam分不清楚，只知道這位大哥其實一直心儀另一個女生，Sam幫著追求，幫著幫著，他們反而變得親密了起來。

有次兩人在KTV唱到深夜，Sam沒想太多就直接到對方家過夜了。「那時候完全沒接觸過男生的身體，但當兩個人都穿一條內褲的時候，就有生理反應了，我會很想去觸摸對方……那是我第一次接觸男生的身體，他沒有拒絕我，可是隔天醒過來，兩個人就很尷尬，好像連朋友都做不成。再見面的時候，就沒有像之前那麼熱絡，後來就慢慢失去聯絡了……」他不知道那算是什麼，但隱約知道是某種不該觸碰的禁忌。他開始刻意避免和同性的親密，後來愛上了女孩，也就慢慢淡忘了那天晚上曾經發生的事。

結束和初戀女友的戀情，Sam曾傷痛很深，單身的那幾年，他決定大膽探索自己另一部分的可能性。「那時候，我在電視上看見有節目介紹Gay這個圈圈，我告訴自己說，OK，反正我現在一無所有，那就給自己一年的時間，我看我是不是真的喜歡男生，能不能夠在那裡找到真愛。如果一年到了，找不到，我就乖乖結婚生子……」

Sam說。

就這樣，Sam在Funky遇見了那個改變他一生的男人。

「他長的很像王的男人裡面的李準基，很美。」Sam說。即使這麼多年了，談到他，神情裡還有一種難言的心醉。

阿倫是Funky的公關。高挑、俊美，善變而多情。Sam猛烈追求的攻勢是，每天等候他三點下班送他回家，隔天自己六點多起床上班，日以繼夜，風雨無阻。

「我在意他非常非常深，在一起第二個月我就不讓他上班，我怕他被別人追走。因為我占有欲很強，我不喜歡別人去動我的東西，我就乾脆叫他不要做，我養你。他六年沒上班……」

這是他和男人的第一段感情。才一開始，Sam就完全陷下去，供給他一切的開銷，當成自己的老婆在養。阿倫的放縱、任性，與孩子氣，剛在一起時所有人都不看好，但他們卻緊密地在一起六個年頭。為了維持關係的穩定，Sam甚至努力融入阿倫的家庭。

「剛搬進他家時，一開始對方父母反應很大。我藉口沒地方住，拿房租給他媽，所以很快就pass過去，他媽也沒再問，就這樣一路住下來了。但偶爾他媽有時候還是會說，你也應該找個地方搬出去住啊，找個老婆結婚這樣。我們都會講說，幹嘛要結婚，我們這樣不是很好嗎？然後就會轉移話題……」

Sam果真也成功打入了這個家庭，阿倫的十一個兄弟姊妹，全都跟Sam很麻吉。「後來他慢慢和家人講說，Sam就是我老公……我也盡量在他們家裡扮演一個很好的朋友，到後來，他爸媽甚至會開玩笑說，怎麼不趕快打電話叫老公回來吃飯？如果晚一點，他們還會幫我留飯菜……」

過程辛苦不為外人知，但Sam看來甘之如飴。「他就是個很小很小的小孩子，他比我大一歲，但舉止上比我小很多。但我們甜蜜的時候真的很甜蜜，羨煞所有的朋友，包括他的女性朋友曾開玩笑說，如果有一天我不要阿倫了，要第一個通知她，她要接手。」Sam笑說。

「他很喜歡買鞋子。可是我知道，愛買鞋子的男人外遇機會百分之八九十……」

這段六年幾近婚姻的關係，在阿倫多次出軌後劃下句點。分手後，Sam崩潰了。即使到現在，他仍然在悲傷期中，「那兩年，我幾乎每天都沒辦法睡，但家裡有很重的經濟壓力，我不能不工作，一定得睡覺，所以我天天喝酒，晚上我必須喝上半瓶或一瓶高粱才能睡……」

訪談的時候，Sam剛交往了一個新男友，已經在準備來接他回家的路上了。

「我無時無刻都會打電話鬧他，因為我發現在晚上時，特別會感到寂寞空虛，希望有個人在旁邊陪陪我。我就打給他說，不管，你現在就給我過來！然後他就會過來……前天在跟阿倫的姊姊聊天時，發現一件事情，覺得自己現在好像被阿倫附身了。我現在跟男友講話的模式都和阿倫好像喔……當初阿倫怎麼對我任性的，我現在就怎麼對他任性。像是『不管，你現在就給我過來！』這句話，在過去六年常常聽到！哈，以前出門都是我在付錢，現在出門都是他在付錢，只是角色互換……」

「可能，我還沒辦法完全忘掉阿倫吧！但至少，現在心裡面，會有一點點踏實的感覺，不會像今年年初，一直沉溺在悲傷不快樂，期待他會回來……」

「現在這個男友並不是我心儀的對象，但一直以來我都是在付出愛，我想嘗試一次被追求是什麼感覺，被寵愛是什麼感覺，」三年來，Sam一直嘗試重新全心去愛另一個人，「但是沒辦法……我想我的愛已經全部用在阿倫身上了……」

身體上，男人和女人可以給我的是一樣的，我的滿足在於對方的滿足……

「其實以身體來講，我比較偏好看男生的身體，在做的過程中，會讓我有身體反應，看見一個裸體的女生，我可能不太會有身體反應，但如果女生很舒服，出現高潮現象的時候，又會比看男生更興奮……」

Sam從小學開始，就發現自己對男體有強烈的感覺。「小學四年級，有次我在同學家看A片，我發現我對男生的陽具非常感興趣，身體的結構、那個喘息聲……從那個時候，我就發現我會在意男生。」

「跟女生做和男生做的感覺是完全不一樣的……在跟女生做的時候，大部分我都是主動者，但是我跟男生做，我先是被動者，他先過來挑逗我，再來我才當主動者的角色。不過，我比較在意對方的感覺，而不是自己舒服的程度，不論和男生還是女生做。過程中我會很在意對方有沒有達到高潮，有沒有疼痛感，有沒有舒服的感覺，所以會花很多時間在前戲上……但心靈的滿足是一樣的，感覺到對方滿足，我都會很興奮，有種征服對方的感覺……」

對他而言，從男體和女體中可以得到不同的滿足和快感，然而在經驗上，Sam和男生發生關係的機率卻大得多。是較偏好和男人的性關係嗎？還是異性戀社會的性愛遊戲規則較為侷限？或是，在Gay圈的速食性行為很普遍？訪談過許多男雙性戀者，都告訴我這樣類似的經驗，讓我大感好奇。

「你說我比較喜歡男生還是女生，很難界定耶。比較容易和男生發生關係是因為，如果要和女生，我必須先去認識對方，追她，出去兩三個月，甚至半年後才會進到下一個步驟，我和女生是要我們彼此確定很喜歡對方，我才會去做這件事。和男生不一樣，可能見面第一次就發生，而不用擔心可能因此被對方認為是豬頭……」

閒聊之間，Sam還讓我瞭解了一件有趣的事——男雙的情欲光譜。原來阿倫也是雙，曾有過婚姻關係。如果說，Sam是接近光譜中央的雙，那麼阿倫便是向右挪移一點，雙偏Gay。

「他跟我一樣，都不排斥女生，但就是喜歡哪一邊多一點，因為這是兩種不同的味道。你跟女生在一起，會有陽剛的一面展現出來，會想要保護這個女生，你跟男生就會覺得，在他身上，你有時會得到很安全的感覺。一個陰一個陽，完全不一樣。」

「比方說，女生可以在他（阿倫）身邊光著身體走，他不會有感覺，但我對裸體女生會有生理反應，會盡量避免。所以他的女性閨中密友都把他當姊妹，睡在一起也沒關係。像他一個女性朋友去整型胸部，回來就趕快炫耀給他看，問他做得怎麼樣。她跟我也很好，但她就不敢對我做這種事，會擦出什麼火花不曉得，哈哈哈……」

圈外的哥兒們會想要「矯正」我，帶我去酒店

圈內會覺得我們很亂，同時傷害男人和女人

朋友間，知道Sam是雙性戀的不多，但出櫃對象，圈內圈外、男生女生的反應差異很大。

「一般異性戀看雙性戀，男生和女生態度差異明顯。我跟喜歡我的女生講我是同志，她們的反應會很shock，講說你怎麼會是？你之前不是有交女友嗎？我說是啊，但我也不知道就踩進圈內啦！女生就會很婉轉的說，喔，沒關係，其實我身邊也有認識很多同志啊，什麼的……男生的話，他們就很驚訝，然後慢慢遠離我，或是會說，你要不要弄清楚你到底喜歡男生還是女生？然後希望把我從同志這邊拉回來，跟異性交往。」

「在我跟阿倫在一起的時候，我的一個拜把兄弟非常討厭他，他覺得是阿倫『帶壞』我的。因為年輕時我和他有一起追過女生，我還幫他追到現在的老婆，後來他知道我和男人在一起，他非常不能接受，就帶我去酒店，我一樣玩啊，跟女生一樣很好，但人家去酒店是花錢去玩的，我每次都是『被玩』的對象，哈哈……」

基於感受到某種「不宜談論」的氛圍，Sam幾乎不曾在Gay圈朋友面前大辣辣地稱呼自己是雙性戀，「他們會覺得你既然是同志，你幹嘛去傷害女生？所以雙性戀會被圈內排斥，就像異性戀在看同性戀一樣，同性戀看雙性戀又是另一個世界。他們覺得我們很亂，會同時傷害男人女人，應該要有一個既定的方向嘛……」Sam說，「可是，沒有辦法，我在找一個真愛，那或許是男人，也或許是女人，有時候他們會覺得我很怪，幹嘛一下跟男生一下跟女生？可是這也不是我願意的，每個人不都在追求真愛嗎？」

只是找一個真愛，那或許是男人，也或許是女人……

末了，我問Sam關於未來的愛情，藍圖裡的會是男人還是女人？Sam和我說了個故事。

「有一次我從南部回台北，有一個老公公上了車，身上背了五、六個包包，他扶著老太太上車坐好，而她就跟大小姐一樣，身上一點行李都沒有，所有的行李都在老公公身上。那時我正在吃肉粽，老婆婆看了就說，我也要吃肉粽。老公公身上行李都還沒放下，就趕緊下車，一家一家去找，結果都沒有，上車後就跟老婆婆說，沒有人在賣肉粽呢，她說，不管，我現在就是要吃肉粽。老公公只好問我說，肉粽在哪裡買的，我說，我在上一站買的，不然我這顆給妳吃好了。老公公說，沒關係沒關係，哄老婆婆說，人家在別的地方買的，妳吃麵包好不好？她說不要！不然妳吃水果好不好？她說不要！我就要吃肉粽。我就說，沒關係，這顆吃不完，給老婆婆吃吧！那時老公公已經全身汗濕了，行李還背在身上。他先把肉粽拿給老婆婆吃了以後，才把行李卸下來。這時候老婆婆又叫了，我要喝水！老公公又趕忙去拿水……」

「我第一個念頭是，老婆婆怎麼這麼任性呢？可是當我轉頭看老公公，他臉上充滿喜悅、滿足和愛的感覺，我想，喔，原來這就是愛，都七、八十歲了……」

「我後來發現，不論男人或女人，其實我是在找一個真愛。只是你願意和對方共同去扶持，去關心，有一種家的感覺，我在乎的是這個……一旦我找到這個人，我就不會去背叛這段關係，因為我曾身歷其痛……」Sam想要一個家，一段紮紮實實的終身承諾關係，或許更重要的是，讓他能夠重新再有一次機會，像不曾受過傷那樣，全然地去愛。「我非常非常喜歡小孩，也不排除未來會結婚生子，但如果我要和一個女人共度一輩子，我就要很確定自己可以把男人這一塊忘掉。在我心態還沒有穩定下來的時候，我是不能輕易和女生發生關係、生小孩的，這樣會傷害到另外一方……」

不論是男是女，每一段關係，都是一塊拼圖的碎片。Sam仍在尋找的，不過是藍圖中遺落的那一角。

依蓮的故事：非關性別，只愛陽剛

已邁入熟齡的依蓮，有張娃娃臉，講起話來眉飛色舞。小時候混太妹，壞壞的霸氣仍殘留一些，但更多是活潑奔放的孩子氣息。

「和男生是心理上的快樂，很有戀愛的感覺，會有那種全身起雞皮疙瘩，很震顫的感覺，但性方面就是無法接受……可是跟女生我是真的在肉體上、生理上會得到滿足，女人的身體很細膩，在和女人在一起過之後，現在似乎比較喜歡女人了……」有過一段深刻的婚姻，三十歲之前，她從不知道同性情感可以是個生命選擇，直到她愛上了第一個女人。

「不過，不論男人女人，我喜歡的是一種陽剛的氣質，很奇怪的是，我不覺得我是同性戀或是是異性戀，因為從頭到尾，我都覺得我是跟一個陽剛的人在談戀愛，和他／她的性別無關……」依蓮說。

進入婚姻

十三年來我幾乎以為我們不會分開，很深，很瞭解，

我們本來差異性很大，在一起到最後我們變成很像是同一種人

我一直習慣身邊有他，但我不覺得是愛情……

依蓮很早婚。在她口中，柏文擁有女人趨之若鶩的伴侶特質，英俊、體貼、善良而專情。依蓮是他的恆星，柏文生命中的一切全都繞著她轉，對她的愛，幾乎是無微不至的。依蓮加班到深夜，他會在下班後，窩在依蓮的辦公室沙發陪她一整夜。公司有飯局、旅遊，依蓮不去他就不去。才剛在一起的時，依蓮曾有放棄的念頭，柏文甚至為此差點自殺。十三年來，他們的頻率幾乎已調合成同一步調，無話不談、喜歡吃的、心裡想的、連情緒反應都一模一樣。依蓮所有未來的生活藍圖中都有一個柏文的位置，從未想過會離開彼此。

「他什麼都很好，可是……他有一個缺點，我們家裡不太喜歡，會覺得他沒那麼優秀……他是居家型的男人，工作企圖心比較小。自我學習和事業上面，他沒有進步，我常常為他擔心很多，常常苦口婆心，甚至幫他規劃他的工作、目標等等，這個部分讓我很累。」依蓮完全是個事業女強人，某種程度上，她希望她的男人可以更強。

然而，性事，卻是另一個更難解的問題。

「我們也有很瘋狂的熱戀期，我們到處都可以，老闆的辦公室，會議室、倉庫啊

……第二年之後，慢慢步入平淡，我就開始不太喜歡和他有親密行為。即使我很愛的男人，一想到性那件事，我也會覺得沒辦法。每次和男生發生性關係，都會有被侵犯的感覺，我覺得他們的性器官對我來說像一個武器……」

「而且我不太敢看男人的性器官。有一次我們一起洗澡時，我看到他的，就突然有想要吐的感覺，我也不曉得怎麼回事……可是我們非常非常親密，我們會常擁抱、親吻、愛撫去表達愛意，但到了那一關我就會害怕，有點想逃，每一次都是這樣，所以到第二年以後我們的關係幾乎就已經沒辦法……一個月一次，第三年就變成一年或半年才一次，最後我們是各自解決。可是我對他的感情都還在，只是我沒辦法讓他那麼常碰我……」依蓮說，「他是男人當然會受不了，但他也以為女生都是比較不喜歡做愛的，他很尊重我，從來沒有問過我為什麼……」

很自然的聯想是，依蓮是否曾在與男性的關係中受過創傷？她搖搖頭。從小到大，老爸是她最親密、無話不談的好友，和爸爸的感情，養成了她對男性的安全與信任感。在依蓮的記憶中，和男人的愛情關係全都是被疼愛、被照顧，她自己也無法理解，對於男人身體先天的懼斥是來自何處？這個連朋友都無法透露的祕密，依蓮曾偷偷問過父親。「我爸說，應該是我沒有碰到我真的很愛的，可是我覺得不是。我很愛男人，但比較偏精神面的。」

「但跟女生就不會了，這也讓我一直懷疑我是不是天生的婆。即使我和柏文在第一年的熱戀期，也從來沒達到高潮過，只有喜悅的感覺。我第一次高潮是跟第一個女生，達到高潮的那一刻我還不敢相信……我以為，應該是因為我很愛她吧？但後來發現，即使和情感不那麼深的女生，也可以得到高度的滿足……」她說。

對依蓮來說，他們之間早已轉為親情，柏文要的愛情，她給不起。親友的期待，夫妻的頭銜，都讓她充滿窒息感。結婚的第六年，她不小心跨出了界線，包括世俗道德的、愛欲冒險的安全警戒。我料想她該有的震撼掙扎，都被她一笑置之。

「掙扎？聽我說完小時候的事，妳就會知道，對我來說，在情感上這根本是再自然不過的事了……」依蓮笑說。

準拉子的青春養成期

從小就覺得女生喜歡女生、有親密的動作是很自然的，

只是從沒想過喜歡之外還能有下一步……

依蓮和男生的性啟蒙是在國中，懵懵懂懂，只記得兩性關係的書上總說，女生有不舒服的感覺是正常的。但她中學的情感啟蒙，聽起來簡直就是準拉子文化的養成過程。只是，那時連「拉子」兩字都還沒在台灣問世，而她口中的T、P角色，也都

是這幾年惡補同志書籍得來的專有名詞。不過，即使什麼都不知道，戀愛還是可以照談。

「就很怪，在T眼中我是P，在P眼中我是T。」可能是因為中學時期削短髮，個性爽朗豪邁，喜歡帥氣T樣女生的依蓮，但卻常被誤認為T，結果總被一堆女生包圍，「她們會沒事過來抱我，掀裙子給我看……哈哈……」暗戀過好幾個女同學，最好的死黨也是個T，依蓮還幫她解決和學妹的感情糾紛。但最多就是眉目傳情、寫寫情書、牽牽小手，「那時對我來說，女生會喜歡女生好像本來就是很正常的事，只是沒想過之後還能有什麼發展？」

談到初戀，這就要說到小昭了。聽她說得活靈活現，語氣裡滿是欽慕，「她比我大很多，我們的圈子裡很多人都很崇拜她，把她當大哥，她身邊永遠圍繞著一群親衛隊，她只要一來我們學校，就有很多人衝到走廊上喊她的名字……她長得不是帥，但眼神有種特別的力量。小昭是T，但連她身邊的鐵T都愛上她，想要為她變成婆……」講得很神。這個早已出社會，見識廣、出手闊綽的T小開，對高中時的依蓮來講，有種高不可攀的魅力。

但就是依蓮天生叛逆，差點和男校同學幹起架來，引起小昭的注意與追求。「我們有在一起過。那時對親密關係是很懵懂的，之前雖然有喜歡過女生，但連親吻都沒有過，完全就是很異性戀的思想，以為女生和女生是不可能發生關係的，所以那時我害怕多於喜悅。那天晚上她帶我進房間，我們什麼流程都做了，但到了最後，我就推開她，不曉得為什麼，就是覺得沒辦法，我不知道要做什麼，怕自己表現很差，也怕她會做一些我沒辦法接受的事……」畢業後，兩人便漸趨淡漠。那時的她不曾預知，記憶裡這段女生愛女生的純愛青春，其實是一個伏筆。

愛，上了癮

一直覺得，故事的結局一定是王子和公主，

不可能是公主和公主，兩個女人，怎麼會有未來？

進入職場之後，很自然地，便是成人的異性戀世界了，男友一個接一個，戀愛談得開心盡興，直到遇到柏文。

婚後第六年，依蓮在工作場合認識F，一個好看的T。高中之後，十多年來，依蓮幾乎以為自己不會再對女生心動了。「F算是我和女人性關係上的第一個情人，或許是這樣，所以特別愛她。她是第一個讓我覺得，跟女生有性關係不是件奇怪的事。我一開始也很害怕，不曉得做什麼，該有什麼反應。比如說，該不該脫她的衣服，該不該有回應什麼的，但就是任由她帶領，一切都很自然地發生了，感覺很好……」

三十歲之後，和女人嘗試過，依蓮才開始體驗到性愛的美妙。

從女校純純的愛，跨足到真正的性愛關係裡頭，對她來說，是一種愛情本身的圓滿完整，但當時的她，仍然無法想像公主和公主可以有一個家，一個未來。

「那時我只是覺得我很喜歡她，可是沒有想過長遠走下去，就跟正常的異性戀一樣規劃未來，去見雙方父母或幹嘛的。坦白說，那時候我完全沒有想到要和柏文離婚，因為我有未來，有安定感，故事結局應該是王子跟公主，才是理所當然……」

宗教信仰是另一個因素。「我的宗教是不准許同性戀的。跟女生在一起很快樂，可是又罪惡感很重……第二個女友離開之後，我就想，跟柏文在一起十三年，跟男人確實穩定多了，和女人兩段感情都這麼短，這麼痛苦，是神在懲罰我，神不想我走錯路……」

可是愛上女人，又像是上了癮。

「真正和女人在一起後，覺得和柏文的性更不可能了。後來走在路上注意女生居多，雖然男人對我還是有吸引力，但女生的強度則強了許多……」

依蓮迷戀T身體的柔軟細緻，毫無侵略性。但她也很清楚，自己喜歡的是對方完全展現陽剛的、主動的部分。「到後來我才發覺，我只能跟鐵T在一起。因為第一個女友不是（鐵T），我們需要互相服務，我雖然很愛很愛她，可是在進入她身體的那一剎那，我會覺得快崩潰了。我突然意識到我是在跟女生做愛……當然我一直知道她是女生，我依舊很愛她……」

「我在進入她身體的時候，我覺得自己像是在扮演一個男人的角色讓她舒服，可是我很痛恨扮演男人角色，因為我不是男人，所以我看到一般女生會沒有感覺。她曾說跟我說，真的不喜歡（主動）就不要勉強，等我喜歡的時候再做，她可以自己解決。但我知道，我就是不行……」在她的性別分類裡，T是不同於男人女人的，第三種性別，而她是一個愛男人也愛T的女人。更精確的說，她愛戀的是一種陽剛，氣質和行動上徹底的陽剛。

離開

我想要跟你在一起，就是一輩子。我除了愛情，什麼都可以給你。

可是他說，他還年輕，他不想一輩子過著沒有愛情的日子……

「在一起第一天，我就告訴她們我結婚了，她們一開始都非常訝異，但從來沒有要求我離婚，也太不介意我跟老公碰面，」依蓮說，「也許是因為她們覺得，我不是認真的，跟她們不會長久……女友有問過我，我跟我老公不快樂，為什麼還要在一起？但當時候就是沒有想過要離開柏文。」

直到結束了那兩段關係之後，結婚第十年，依蓮才開始思考離婚的事。但聽起來，比較是為了躲避法定關係上，來自社會、親友各種期待，而非真正的分手。離婚後，瞞著公婆，他們仍然同居，情感一如以往。只是，依蓮明白，柏文的癡情專一，這樣繼續下去，他們兩個永遠也不可能有其他新的開始。於是她開始鼓勵他追求其他感情。

「他終於定了一個約會，我才知道那個女孩子也是他的同事，喜歡他兩年了，他一直沒有心動。去之前，他很不安，一直問我，我真的可以去嗎？我就說，去啊，和別人約了怎麼可以不去？我甚至贊助了他戀愛基金，鼓勵他去。」柏文約會的當晚沒有回家過夜。依蓮崩潰了，十三年來第一次，她發現自己原來不能失去他。

「感情真是一件很奇怪的事。他在我身邊十三年了，當終於跨出那一步，我才覺得很可怕，覺得自己真是瘋了，可是在前一刻都還覺得很輕鬆。他也覺得很痛苦，他一直以為我不要了……」那一刻開始，依蓮就想盡辦法留住他，「我說，這麼多年來，都是你愛我比較多，我還沒有真正讓你幸福，你怎麼可以這樣就離開？你一定要再給我一次機會，讓我帶給你幸福……」

「重新在一起，就是一輩子，我們可以再結婚。我除了愛情，什麼都可以給他。我會努力賺錢，買一棟漂亮的房子，每天牽著手坐在走廊上喝下午茶，我覺得，那個藍圖裡的人一直是他。沒有愛情，我們還有人生可以過，我這樣跟他說。可是他說，他還年輕，他不想一輩子過著沒有愛情的日子……」依蓮說。

柏文終究還是走了。依蓮也明白，即使再在一起，之前的窒息感，缺乏愛情的蒼白，以及需要各自滿足的情欲需求，都是永遠無法改變的事實。「十三年太深了。那陣子我連到樓下去買麵或倒垃圾都會哭，以前都是他幫我倒垃圾，買麵都是兩個人一起吃，無論做任何事情，裡頭都有他的影子，很可怕……」

柏文偶爾還是會瞞著女友偷偷回來幫她餵貓，倒垃圾。如今，他們是如同家人般的摯友。「他現在的女友給他很多幸福和自信，我覺得很開心，那是他和我在一起無法得到的……」依蓮說。

出櫃

她告訴我說，依蓮，妳不要這麼年輕就放棄世界上很美好的性愛，

妳跟女生在一起放棄性太可惜了……

離婚後，依蓮有試著告訴柏文她和女人交往的事。「但他是個完完全全的傳統異性戀，在他的腦袋裡根本沒有女同性戀這回事。我跟他講，我跟女生在一起過，他都覺得是手帕交，完全沒有想到那件事情。」

「我說不對，是情人關係，他就嚇到了，女生能有性關係嗎？他說，你們一定是用了什麼電動按摩棒吧？這完全異性戀的想法，我說不是，根本不需要，他覺得怎麼可能？那就是等於沒有做嘛！」依蓮告訴他，「我說，我覺得我好像一直以來都比較喜歡女生，他就說，不可能，絕對不可能，妳不要騙我！到現在他還是拒絕相信，覺得我們女生手帕交感情很好，就是這個樣子……」

為了第三任女友小倫情傷最重的時候，依蓮的好姊妹們很義氣的徹夜相守，但沒有人支持她走的路，「為了一個女生傷心成這樣妳值得嗎？而且那個女生還有伴侶，當了一個女生的第三者，妳值得嗎？」「妳看起來這麼聰明，怎麼會談這麼蠢的戀愛？」姊妹們心疼地罵她，希望有天可以把她罵醒。周圍朋友聽了依蓮的故事，也束手無策，「她們常講，沒事，睡一覺起來妳就發覺妳喜歡的還是男人，沒事！」依蓮說，「如果我騙她們如果說，這是第一次（和女人交往）的話，她們通常就會說，那難怪，妳可能是迷惑了，妳可能很慌亂，所以才會這樣，過去就沒事了，她們覺得這只是一個插曲……」

一個女性好友曾這樣勸誡她：「依蓮，妳不要這麼年輕就放棄世界上很美好的性愛，妳跟女生在一起放棄性太可惜了……」依蓮對她的反應非常驚訝，告訴她，她和女人一樣有性愛，而且比男生更美好，那友人嘴巴張成O字型，大概一分鐘講不出話，直喊，「真的嗎？怎麼可能？」

「這就是傳統異性戀，和我以前一樣。」依蓮說。

拉子情感世界的詭譎多變，如遊戲般來得快去得快，卻又牽扯不清的混亂狀態，是她無法依託的未來。然而，小倫卻讓她開始認真了起來，即使，當時她是關係中的第三者。她試著去感受自己對女人真實的情欲，發現不知不覺間，已慢慢從中界線，往「同」的方向緩緩游移。一個女人和女人共組家庭的夢想，在她心裡發了芽。這也是為什麼，在交往第三任女友之後，她開始選擇向周圍人出櫃。

她開始帶女友回家吃飯，一開始雖未點明關係，「但我哥跟我爸一看，她根本是一個男人樣，就知道我們是什麼樣的關係了……」父親默默接受，直到依蓮為了小倫，幾乎是不吃不睡了，父親專程北上陪她好幾個晚上。「我從沒有告訴過我爸，但他其實很敏感……我爸那時才跟我說，他其實一直以來都很擔心我，為什麼我會跟女生在一起？」

母親倒是完全一個同志盲，直到依蓮主動向家人出櫃。「她就很逃避，說，我不要聽，你怎麼會跟女生在一起，亂七八糟，妳這個丫頭真是不長進！我想帶她來家裡見他們，我媽說不要，妳要是帶來個男人我就願意，還是祝你們幸福，可是不是男人我就不見！」依蓮苦笑。

陽剛戀

「以前在路上看的都是男生，不知道為什麼，在小倫之後，現在都看女生了呢……」依蓮笑了。不知道是不是體內潛藏的拉子基因被激發、茁壯了，即使離開了小倫，在這段糾葛而苦澀的戀情之後，依蓮仍然覺得，女人會是她下一步的選擇。那男人呢？吸引力還是存在的嗎？

「當然。我還是很喜歡陽剛的人，有『男子氣概』的男人女人我都還是很愛，但現在就是偏女生一點，女人的身體讓我比較能夠敞開自己……」依蓮說，「但要用同性戀或雙性戀來形容自己感覺很怪，總覺得這些名詞都不貼切，因為我愛戀的是陽剛，一種徹底和我相反的特質，而不是某種性別……」

那麼，「雙性」戀三個字對她來說，或許有些侷限了，我想，我會稱呼她是——陽剛戀吧。非關性別，只愛陽剛！

小玉的故事：紅粉男孩的革命青春夢

「有時候我在想，為什麼我會流連年輕男孩青春精瘦的肉體？身邊三個姊姊，我是家裡唯一的男孩子，是不是因為我對姊姊的身體太熟悉，她們生理期什麼時候來我都知道？我一直是女孩們的好姊妹，聽她們不願向男友吐露的心事。但我也喜歡女生，喜歡女生軟軟的蝴蝶袖，摸起來很舒服……」

小玉托著塞幫子，眼裡閃現著某種少女漫畫裡，主角嚇死人的大眼睛裡會出現的粉紅星光泡泡，我喜歡看他微笑，像是全世界都搖擺了起來，總讓我很想過去擁抱他。他喜歡穿得很pink，有時還會在頸上繫上條領巾，或搭個牛仔帽，你不會覺得不協調，但你也想不出來，在你所有見過的人裡，還有誰會這樣穿戴自己。那是「Gay樣」的服飾美學嗎？我大概不會這樣說。據說Gay圈有某種崇尚陽光健美男孩的流行趨勢，小玉不會是主流，有可能還是會被叨念，需要被「改造」的對象。但我知道他並不在乎，而且以同時在主流社會與同志圈特立獨行、作自己為榮。紅粉男孩看似粉紅夢幻，但他行動起來比誰都敢衝敢言。基於某種年輕學院派，對抗社會不公義的使命感，他自命性別社運份子、雙性戀運動者，關於改變這個看起來不太美好的世界，他還有很多夢想。

出櫃的策略性智慧

「某種程度上，我覺得Bi社群是原本在異性戀社會，或Gay圈、拉（女同志）圈中感到不滿足，或不被接納的一群人……」小玉為雙性戀社群下的定義，其實反映了他自己認同為Bi的心路歷程。

「大學時一開始我就說自己是同志了，但我會說，我『也』喜歡女生，」小玉說，「我不想預設我愛上的人的性別，也不想別人因為我是『同志』，而認為我不喜歡女生，結果女生還是通通把我當成手帕交……」說自己是「同志」的結果，就是直接被對號入座。

「大家就直接認為我是Gay！心儀的女生會不相信你……」小玉有點哀怨，「之前喜歡上一個台大的女生，表白之後，她問我，你說你是喜歡女生的肉體多，還是喜歡男生的肉體多？我說男生比較多，她說那就對了，你還是喜歡男生。可是我告訴她，我現在喜歡妳啊！她說，不行，你就是喜歡男生的肉體，你根本就不是喜歡我。」桌上的錄音筆突然變成他向全世界女人喊話的麥克風，「我有可能會喜歡妳們的好不好！不要把我當作很安全，那樣會讓我失去很多感情的機會……」

然而，真的為自己貼上「雙」的標籤之後，那些來自單性戀世界邏輯下的質疑與不信任卻更多了。

「一般女生會覺得，你是在那個圈子（男同志圈）裡滾累了，所以又滾到這邊來，到時候你又會滾回去……我覺得他們有一種疑問，就是你到底能不能搞清楚『你到底要誰』呢？」

「男同志圈的朋友反應則是很激烈的，就很明白地就把你隔開了。曾經有人這樣對我說，『你還可以喜歡女生，你怎麼可能理解我們的痛苦呢？』那整個氛圍是，他們覺得，我並不是是受社會或家庭的壓力才這樣，而是我動機不單純，不乾淨，所以隨時有可能會落跑，對他們團體不忠貞之類的……」

「女同志的反應呢？」我問。

「不會比較友善喔，」在女生圈裡素來人緣良好的小玉，在這個身份認同的議題上，顯然仍遭到某種敵意。「就是那些『純女同志』，主要是T啦，有種不安全感，她們會半真半假地對我說，你不要跟我搶女人啊！哈哈……還是會對我有心防。」

大學時期，一開始小玉參加的是男同志社團，但卻發現Gay圈文化讓他非常不滿足，自己就是無法融入其中。「純男生的聚會讓我覺得很怪，而且很快就發現，彼此的期待有落差……他們似乎並不想和你只是單純的交個朋友，我一說我有男友，然後就沒人理我，哈哈……」，小玉說，「Gay圈的競爭氛圍蠻明顯的，尤其是美體的競爭，你好像必須在體格和外表上強過別人，好像才有行情，言語上伶牙俐齒地不服輸，甚至也不能輕易流淚……遇到這樣的男生，我柔軟的部分就沒有辦法流露出來了……」當然這個所謂的「Gay圈」是指小玉僅接觸過的，陽盛陰衰的理工大學，崇尚陽剛，是這裡的主要文化特質。

從小就在女生堆裡長大，在家裡會分工做菜洗衣，甚至幫姊姊們買內衣、衛生棉的小玉，和女性有著自然而親密的連結。由於和姊姊們年齡相差甚遠，小時候和姊姊的女同學玩在一起，從沒被當成男生看待，成長後的他自然也很容易打入女生圈，常是女同學吐露心事的對象，她們總驚訝，這個男生怎麼比女生還細心？對於Gay圈隱約浮現的厭女情節，小玉頗不以為然。

「Gay圈有些人似乎對女生有排拒的心態，對女人有很醜陋的想像，比如說，他們覺得女生就是像A片裡那樣，他們會說，你可以不要像女生一樣婆婆媽媽嗎？你可以不要像女生一樣愛哭嗎？所以我很多陰柔特質都被他們說成是女生，他們會覺得女生是非常麻煩的一種生物……」

然而，這種遭兩面夾攻、裡外皆不被信任的處境，卻讓小玉幽默地發展出對應的小策略。

「比方說啊，我常跟學妹出去，她的男朋友就很緊張，有時候會跟在旁邊，後來我就和她男友說，其實你長得和我前男友很像……哈哈哈，他們兩個就一起被我嚇……這種調侃會讓他們發現，我其實並不會喜歡上你們，不用太緊張，但又不是一種很嚴肅地身份表態……」

初戀憂鬱記事

「我一直很喜歡男生的身體。不知道是不是因為家庭的關係，從小在女兒圈中長大，爸爸年紀很大，也常常不在家，我的成長過程中缺乏跟同齡男性的互動。我對女生的身體很熟悉，對年輕男性的身體卻很陌生。在青春期過程當中，那對我來說很誘人。某一次電視播了木村拓哉穿著背心在打撞球，我突然覺得這個男生的肉體好有吸引力……」

國中時，曾經因凝視校隊男同學被發現，而遭到同儕排斥，同學間開始流傳小玉是Gay的耳語。直到高中學業表現優異，同學的不友善對待才開始被老師制止。這段成長記憶，在這個敏感男孩的心裡種下了憂鬱的因子。被排擠的那段日子，他發現自己特別需求舞台、掌聲、與注意力，善於書寫的他，在學校的聊天室是受到矚目的對象。在虛擬空間中，他化身女性的ID，文字的流暢細膩，思想的成熟，讓眾多男同學趨之若鶩。就在那些頻繁書信往來的日子，他遇見了唯一可以在文筆上與他媲美的的男同學。

「某一次寒假返校，我在學校公佈欄看到了他。他的眼鏡非常搶眼，紫色變色的鏡片，眼睛很大。他是天蠍座的，看得出來對感情很執著，他女朋友也是天蠍座的，他們倆跨年的時候起了很劇烈的爭執，那時剛分手。我們後來持續地在網路上聊天，我什麼都告訴了他，但就是沒讓他知道我的性別。」然而，一種曖昧幽微的情愫已然在他們之間暈散開來。

「那時常常就是清晨五點鐘，我打電話叫他起床，但只是鈴響，然後掛掉，那是一起上線的暗示，我們會在ICQ上聊一個多小時，再一起出門上學……」

他知道自己開始陷進去了。無法透露真實身份，無法在現實生活中見面的煎熬，讓小玉的身心漸漸產生異狀。食不下厭，夜夜失眠，無來由的哭泣，家人發現這是典型憂鬱症的病兆。

「我在網路上跟他講我得了憂鬱症，他便問我，要不要陪我運動？他是一個對女生非常好的男生，好多女生非常迷戀他，」小玉說，「我決定在線上告訴他，我其實是男生……他就說，那，我可能就沒辦法喜歡你了……雖然還有聯絡，但就是沒那麼熱情了……」

為了保持僅有的聯繫，也不忍心天蠍男為情傷所苦，小玉決定幫他把女友追回來。「我主動說，我幫你寫情書！寫了一陣子，後來就真的追回來了。我記得在那之後，我問他，你可不可以出來陪我一次？我說我狀況不太好，得了憂鬱症之後，陷入非常孤單的感覺……」

「我們見了面，我開始撫摸他，然後抱著他哭……」心裡明白這或許是最後一次見面，而這一幕，他一直無法忘記，「我也不知道是他吻我，還是我吻他，我們輕吻了一下，他沒有抗拒……」

那段日子，小玉的憂鬱症一直沒有起色，生病之後整個人變得更癱軟黏膩，更渴望對方的陪伴，而他的吵鬧糾纏，對天蠍男已造成困擾，電話裡的回應，態度越來越冷淡。

「我記得那是二〇〇一年七月十六號，那天我自殺了。家裡嚇到了。那時候二姊問我，你到底發生了什麼事情？我就叫她把ICQ記錄全部印下來，大概快兩百頁左右，他們就大概知道發生了什麼事情……」

在家出櫃

為了保護小玉，家裡頭母姊幫忙瞞著年近八十的老父親。高三之後，他開始透過網路，交了幾個男友。他自己清楚，對於男人的情欲無法割捨，他想讓父親知道，不要把唯一傳宗接代的希望放在自己身上。

「婚宴的場合，叔叔伯伯就會拉著你的手說，你要珍惜，你再晚了，我們就等不到了。那時候覺得壓力很大，爸爸也不會說什麼，但其實他已經知道了，而且已經知道很久了……」

「最反叛的那陣子，曾經把男友帶回家大聲地做愛，用強暴的方式要別人看見我的性傾向……」看見我驚訝的表情，小玉頓了頓，深呼了一口氣，「對，但我們沒有衝突，我爸都忍了下來，我跟他講，不要再問我有沒有女朋友？什麼時候結婚？不要逼我。我們都是愛對方的，我不想再彼此傷害，我也答應他以後不會再把男朋友帶回去……」

「他們就是擔心同性戀這條路太辛苦。我爸跟我三姊說過一句話，他希望我盡快找個女孩子，生個孩子，然後把孩子帶大，讓孩子來照顧我。他們真的都非常的愛我，即使他們走了，還要擔心著找個人來繼續照顧我。他們年齡大了，我也長大了，我不想傷害他們，如果硬是要他們接受，應該是很痛苦的事情。就和他們逼我結婚一樣，是很暴力的。所以我告訴他們，沒有人照顧我，我會照顧我自己，這也是我唯一可以給他們的承諾……」

但就在父親知道之後沒多久，小玉愛上了一個女孩。

生病的那段日子，學妹小瑜常常來照顧他。他們認識好一陣子了，那時她男友劈腿，來陪伴小玉，對她來說也是憑依寄託，一段相互取暖、點點滴滴匯聚而成的情感，就這樣展開了。

蝴蝶袖女孩

「就是很靠近，很理解對方在想什麼，知道對方的感覺。很少有一個女生可以這麼單純地陪伴我，完全是兩個人之間關係，不是把我當成好姊妹什麼的……」

在一起的時光，不同於年輕情侶上山下海四處遊玩的刺激，卻有某種在生活裡共依存的甜蜜。「有些很深刻的記憶……有次我買了一條圍巾，送到學校給她，然後，都是她陪我去看病。我們生活當中沒有其他的娛樂，因為我在生病的狀況下，不像青春男女看電影逛街，交往那麼久，約會地點就是我家和醫院……」

那是個牡羊座女生，大辣辣地坦率直接，「她是個很主動的女孩，在一起沒幾天我們就發生關係了。我覺得我可以很貪婪的要她的身體……」小玉說，「她非常地豐腴，有蝴蝶袖軟軟地摸起來很舒服……但我知道我是因為喜歡她，所以才喜歡她的身體，而不是先被肉體吸引，我覺得這樣才叫愛情，我對那個天蠍男也是一樣，因為愛上他，才想要觸碰……」

和男人女人的性，對小玉來說，就像水和火，一個包覆柔軟，一個狂烈具爆炸性。「和女人就像水一樣，兩個人抱在一起，是相互包覆著的。然後你會感覺那個過程非常非常的緩慢，但是是很甜的，非常緩慢的甜。在過程當中你也會很珍惜，於是你會希望她可以是享受的。而跟男生就是爆炸性的，一種互相的試探，試探對方的底線在那裡……我很容易因為性而喜歡這個男生，包括他的身體、性的表現和技巧。」

小玉坦承，男性肉體對他的吸引力是更原始而強烈的。對男人，常是肉體先於愛情，對女人，則是愛情先於肉體。「和男人的性是一種肉體上的占有、征服的快感，和女人的性是心靈上的享受，比較不是肉體的，而是你覺得，你擁有這個人。」

「如果你的另一伴是女人，你對男性身體的欲望該怎麼辦？」於是我拋給他一個很多人都想問雙性戀的問題。問完我自己也笑了，是啊，這問題我可也常被拷問。

「我覺得純粹肉體的部分，是當我沒有伴侶的時候，它會是個很大的滿足，但是一旦有關係的時候，我覺得跟另一半的性就夠了，對方的性別不是那麼重要……」小玉說，「畢竟我傾向一對一關係。」

這段感情已經是六、七年前的事了。和小瑜兩年多的這一段，對小玉是個傷痛的記憶。「現在要問我，這段回憶美好的部分其實有點困難……我們分分合合，她最後還是選擇跟她原來的男友在一起，到現在還是……」

愛情的排序

在一個傾向是非題與選擇題的世界裡，雙性戀最被好奇的是，什麼是她／他的「最愛」或「最終」的選項。在我的生命裡，並沒有標準答案。我知道，有時看似是我的抉擇，但其實是生命之流帶領著我去經歷，而我只是經驗著，並領受著箇中的驚奇。這個通常我不會問出的問題，小玉卻自己告訴我了。

「在愛情的排序上面，其實我喜歡的是女人的靈魂。如果一個男生擁有女生的靈魂，我一定會非常愛他。」

「那這個人曾經出現過嗎？」我問。

「有，但是……」他笑了笑，點到為止，我想那又是另一個沒有開始的故事吧？

截至書寫這篇故事的當時，小玉還是單身。或許此刻捧著書的小玉，已經有了新的篇章。但我喜歡以這個場景來做結尾。

大學住宿時，小玉的隔壁住了一個澳門僑生。小玉教他說中文，教著教著就教出感情來了。男孩是異性戀，卻沒有被小玉的表白驚擾，直到畢業兩人都維持著很好的關係。那天，帶著三十朵白玫瑰，小玉出現在他的畢業典禮。男孩從另一個男孩的手中接過花束，沒有尷尬困窘，只說了句，「小玉，我這一生就在等別人送我白玫瑰，結果就真的被我等到了。」

小玉說這個故事的時候，眼裡有著柔和的笑意。很美不是嗎？蒐集著雙同志的生命片段，像是個在海邊撿拾貝殼的小孩，總無法預期，下一步，會有什麼樣的相遇。原本想像這個理想主義者給我的，會是一些用來和教授論辯，慷慨激昂的高分貝論述，沒想到，卻是一首首迴旋宜人的抒情小品。

「我想，雙性戀運動目前最重要的，是一個生命史的集結吧，沒必要跟誰嗆聲，或控訴誰被誰壓迫，我們只是在表達自己而已……」

原來，紅粉男孩的革命青春夢，不過是，讓自己，讓更多人勇敢成為自己而已。

❽

愛情零國界——一〇一種雙性戀的樣子之四

"I am who I am . Love is love is love.", they said.

在愛情的領土上，他／她們是逐感覺而居，永遠的游牧民族。他們很少用雙性戀稱呼自己，但如果你要為她們貼上什麼樣的標籤，她們通常也不在乎，因為，對他們來說，愛情，沒有國界。她／他們很難被歸類，他／她們也很難被識別。但重點是，她們根本不在乎自己在世界上的定位。認同，只是人類的一種遊戲，他們既不參與，也不反抗，他們只是在規則之外。在這樣的人身上，我看到了自由自在的靈魂。

楊朵的故事：靈魂戀愛學

早晨起來

做愛

像小獸初初睜眼看見第一次的世界
可以選擇舔舐男人的叢林濃密或女人濕潤、紅血欲滴的蕊瓣
越貼近越美好
猶如進入自己
～楊朵

「其實我不想用雙性戀、單性戀來定義自己，就是憑一種感覺去愛一個靈魂，所以你不會看到他的性別。對我來說，性別是社會性的，可是愛不是。」長髮、牛仔褲、格子衫，香菸似乎是她的靈感。吞吐之間，楊朵的眼神裡，有一種清明灑脫。

「『無性別戀愛者』這個詞應該是比較貼近我的……」楊朵說。「我們從哪裡開始？」她點上了一支煙。

兒時的身體探險

「我的性啟蒙很早。小時候，曾跟大一歲的姊姊有過身體的接觸……就是探索彼此的身體，那時候就很有感覺……」

小學三年級的楊朵，沒事就和姊姊窩在家裡偷看爸爸藏的A片。性意識啟蒙早，

從小就覺得性是很美妙的，可能跟看A片有些關連，「不然那個姿勢不會那麼正確……應該是有模仿的感覺。和姊姊輪流角色扮演，今天你扮男生，明天就換我。」

特別是寒暑假，姊妹兩窩在床上的時間長，爸媽又不在家，便是遊戲的最佳時機。「看電視畫面裡女主角好像很舒服，你就想要嘗試，一種身體被碰觸的舒服到底是怎麼樣的程度。」楊朵總是很機靈地把錄影帶倒回到原來的位置，因此始終沒被大人懷疑過。不過這段小小的性冒險，到五年級也就結束了。「長大後就比較禁忌了，我們後來始終沒再談過這件事，因為她是異性戀，不曉得是不記得了，還是不敢想？但是卻一直在我的記憶裡……」

「兒時的身體探索，和妳長大後對於女人的欲望有關連性嗎？」我好奇。

「有些時候妳無法很明確地說，某件事對妳有沒有影響，也許它已經內化到妳心裡去了。我只知道，我對性一直是很有欲望的……但是，也並非這麼直接，因為身體接觸的開始，不是因為愛，而是因為好奇。」談論性這件事，對楊朵來說，是很自然而然，無須扭捏迴避的，「小時候和女生做過，所以長大後會想和男生試試看……其實我不需要性幻想對象，也不用畫面，有工具就好，我自己可以實踐。我DIY的部分也是從小學三年級就開始的……」

愛的雙向道

矛盾的是，現實生活中，楊朵卻遲遲不敢跨越那道界線。大學有個交往三年的男友J，卻始終沒有發生完整的性行為。

「那時候有處女情結，即使社會學念了四年，還是掙脫不了。擔心如果先有了性行為，以後的老公會不愛我。我一直不覺得我會跟他結婚，那時候太年輕，覺得有無限的可能性，所以我很能壓抑……妳忘了嗎？我都自己來啊！哈哈哈……」

「對方要求呢？」我問。

「他有要求，我說不要，他就不會勉強，他說，等我們結婚那天再做好了，不要把該做的事都做光了。但該看的都看了。其實我是個意志力很堅定的人，當我不想的時候，就可以完全不，即使很欲望他的身體，別的動作也可以完成啊，我有用其它的方式幫他……」

或許是風向星座同類相吸，楊朵喜歡J不按牌理出牌，無拘無束的自由，「有時就是半夜突然一通電話，走，我們去海邊看星星，然後我們就去了……」整個大學時代，楊朵就是跟隨著J突發的各種怪點子，四處探險，然而J專注於課業與其他的事物，也給了她很多的寂寞。同時期，楊朵的身邊有個非常親暱的女性好友蘋。

「情感上，我一直是喜歡男人的，對女生的感覺比較是憐惜的態度，雖然我沒有很高大，但我會有保護她們的欲望，看到她們受委屈都會發自內心去照顧她們。小時候和班上幾個女生非常親密，會叫班上喜歡自己的男生去揍欺負女生的人……」

蘋是楊朵的學姊，細緻溫柔而清麗，兩人都是愛書寫的文藝青年，「她內在沒有陽剛的部分，除了在堅持某些事情的時候……該怎麼說她呢？很有靈性的一個人，總是能洞悉我的問題，給我很深刻的建議……她對待我的方式，總是非常溫柔的，我們比姊妹還親……」楊朵的眼神裡，有些細緻的牽動。「現在想起來，我想我們在大三的時候，原來是相愛過的。她曾經主動索吻，我那時候有男友，所以只是推開她而已，她就笑一笑，很包容，我們就繼續躺在一起睡覺。當時僅是隔著衣服碰觸對方，抱抱她，親親她，反而是很多年之後，我受了報應……」楊朵無奈的笑笑。「覺得很依賴這段關係，時時會想起這個人，想起的時候，就是一陣溫暖滑過。」

後來楊朵出國唸書，經濟也很拮据的蘋，仍舊省下生活費，定期為她寄書寄CD。「郵資很貴的，我都叫她不要寄了，但她還是這樣做。她做了很多事讓我很感動，比如說在想念我的時候會寫信給我，告訴我她對我的想念有多深刻。但她是一個內斂的人，她的想念是不掛在嘴邊的，都是付諸文字。」

蘋當時也有男友，我問楊朵，妳們難道不會彼此介意嗎？「不會。那時候我一直認為我是擁有她的，我還會幫她出主意，幫她看她的感情，她也會幫我看。」

多年後楊朵解開了處女情結，也是因為蘋的一句話，徹底撼動了她。「她說，『楊朵，如果妳真的相信，妳做了這件事，以後妳的老公會不愛妳，那這個老公可能也不適合妳！』這就是蘋，她總是可以一針見血地點出我的盲點……」

在挪威的森林

我曾經擁有一個女孩 或者說
她曾經擁有我
她讓我看她的房間 不是很好嗎
挪威的森林
當我醒來的時候 我獨自一人
這隻鳥兒已經飛走了
所以我升起了火
不是很好嗎？
挪威的森林

～"Norwegian wood" The Beatles

十年來，她們未曾界定過彼此的感情。直到去年底的一個晚上，她們相約在台北公館的挪威森林咖啡館，就是此刻我和楊朵面對面坐著的這個位置。傍晚時分，咖啡香和煙味張狂地溢滿了這狹小空間，人聲喧鬧幾乎淹沒了Miles Davis的現場錄音。挪威森林，我想起Beatles的那首歌詞。是的，她們失去了彼此。

蘋很忙，那時她們創下最久三個月沒見面的紀錄。「有那麼一瞬間，我發現我不認識她了，心變得很慌，我覺得我好像失去她了，回去後就陷入非常難過的情緒，開始回憶起和她的過往。我覺得，她才是超越我之前所有男性交往的經驗，我最愛的一個人。我從那個感受去理解，她在我心中的重量……」，楊朵說，「因為妳沒有失去過，妳以為妳一直擁有她，可是在那個片刻，妳發現妳失去了，才發現是多麼無法接受和不捨……」

「蘋自己的認同是什麼？」我問。

「我想她跟我很像。我想她愛的也不是性別，而是那個人的本質。雖然她過去交的都是男友，但她也很愛女生。雖然後來不是那麼常聯絡談心，其實我滿能肯定我在她心中的重要性。在向她表白之前，沒有想過這個問題，那時候才感覺到，我對她原來是愛情……」，楊朵又點上了一支煙。

從挪威森林回去之後，楊朵提起勇氣寫信給蘋表白。

「我跟她說，『我在挪威的森林想念妳，想念過去。』其實我寫的是很熱情的，讓她不能自外的那種深刻的情感。我相信細膩如她，她都能感覺的到，只是她不能回應我什麼。她的態度還是很一致，可是兩個人的關係中一個人變了，那就全變了。儘管她告訴我什麼都沒變，但就是變了。這可能就是導致後來我跟她處於一種很微妙的尷尬……如果我現在要打電話給她，約她出來，我都還會有些怕怕的，因為去年的那個情緒還沒有完全過去。」

「其實，我們後來有仔細談過說，要在一起……」楊朵安靜了一會兒，告訴我說。「我跟她發生過性，在我完全崩潰之前，我發現我很需要她。我打電話給她說，今天晚上一起過夜好嗎，她說好……」

那一夜，她們第一次發生了關係。

「我隱隱覺得，她覺得我做的太over了，我對她已經超過了一直以來我們之間的互動方式，我對她的愛意已經到了她承受不住的程度。所以她害怕去破壞了我們之間原有的那個美好的相處。那天夜晚，我問她，我們在一起好不好？」

楊朵回憶那天的對話，「她反問我，以後如果我們在一起了，有一天我們撕破臉了，連朋友都做不成了。這到底是什麼意思呢？這是很在乎我們的關係，還是只是一個藉口？」

「我說，妳太不清楚你在我心中的重要性了。即使我們將來真的沒辦法以情侶的姿態在一起，妳在我心中的重要性，是誰也沒辦法取代的。而且我真的有那個把握，我不會因為任何原因跟她分開。就算不能夠在一起，也不會放棄這個朋友，絕不會像一般的情侶，分了手就不能作朋友……」

見她如此堅決，蘋也就不作聲了，算是沒有接受楊朵的要求。兩人再度回到朋友的關係，卻是很不像朋友的朋友，一種幽微的尷尬。兩人不見面的時間越來越長。

「當我情緒沒辦法扼抑那段時間，她還是一貫的沉默，她其實一直都是滿被動的，要見面的話，往往都是我先找她，然後她說好。可是當妳在愛一個人的時候，患得患失的情緒非常嚴重，會覺得為什麼她都不打電話給妳？可是其實她從來都沒有主動打電話給妳，因為她不喜歡講電話，可是妳當時會完全都忘記過去和她互動的模式，妳只會一味覺得，為什麼她會這樣對我？那段時間我非常非常難過……」

About Sex

和蘋的那夜，是楊朵和女人第一次的性經驗。

「我覺得，原來當男生好累，哈哈哈……而且很難，」楊朵大笑，「所以我只好把小三的經驗拿出來用囉！可是卻充滿激情，因為是第一次，而且是自己瘋狂愛上的人，感覺很不一樣。雖然當男生很辛苦，但我很enjoy當一個主動者的角色……就是可以讓妳愛的人很舒服，很享受，我很耽溺那個取悅者的角色……」

「妳不覺得跟男人很少能有高潮嗎？」楊朵問我，我聳了聳肩，笑了笑。「高潮除了感官，還有心。跟男人的經驗目前都沒辦法到靈肉合一的程度……我最討厭的就是，每次結束後還要問妳有沒有高潮？我想你可不可以不要問這個問題，這是重點嗎？當然只好作假……哈哈。他們要在過程中得到一種征服的感覺而已，讓妳到，代表對他能力的肯定。我覺得多數男生比較顧及自己的感受。」

「和男人的性雖然也很好，但跟女人是完全不一樣的感覺，除了角色對調之外，那情欲是更斑斕的，更豐富的。雖然跟男人有時候也會主動，還是知道是以一個女孩子的角色去主動，比較是一種征服的欲望……和女人的時候，妳作為一個充滿愛的男性的角色，每一次的愛撫，每一次的挑逗都是很豐富，讓人很有悸動的……」

和蘋不了了之之後，楊朵遇見了另一個女人。她是楊朵男性好友的女友，彼此認識多年，卻未曾深聊。某晚她們在網路上相遇，「她很漂亮，聊著聊著就充滿誘惑，過不久就約出來見面，她和我朋友在一起之前也是T，很有趣……」

「在和她have sex之前，我一直以為我要扮演T的角色，誰知道變成她是T。她是那種駕馭感超重的人，非常敢……她滿喜歡我的，至今都還有在問我要不要跟她出去，但她是我很好男性友人的女友，我覺得不太好，所以有刻意保持距離。」

楊朵眷戀她的美，雖然比較是感官層面的，但或許因為有禁忌的成分，似乎更為刺激。「跟她在sex的過程中，是包含對女生的那種關懷，這是我一直以來對待女生的態度，已經融合在那裡面，儘管我是處於被動的狀態，妳都能夠更細膩的去感受，每一次撫摸那個層次都是不一樣的，甚至比和男人還要有高潮……」

我曾愛上一個女孩，也愛上另一個激情的自己，
我以一束火紅嬌豔的玫瑰，
向她表達一種無法抑遏的情衷……

楊朵念了幾句，自己寫給一位女同事的情詩。

「在蘋之後，我發現我開始能夠對女生有感覺……」於是她主動送花給了一位她欣賞許久的女同事，事後發現她也是拉子。「可惜她已經有伴了，哈哈……妳開始打開那個眼睛之後，那個磁場就會吸引很多跟妳很像的人。我後來認識了三、四個拉子，卻不是從同志網站，而是從個人的部落格，她可能講幾句話，寫幾個文字，妳就大概就能嗅到那種氣味……」

然而，就在打開了Gay-dar，周圍開始圍繞著拉子朋友之後，楊朵反而嗅見了某

個男孩靈魂裡獨有的氣味。那是很可能被過去的她忽略的一種特質，卻在開始能夠真正愛上女人之後，啟發了新的味覺。

「他有一個女孩住在他的身體裡，就像，我有一個男孩住在我的身體裡一樣，所以我們很能對話，他非常的溫柔，也喜歡創作……」

在訪談的當時，他們才剛在彼此創作的部落格裡相遇，相戀。

「我很清楚，我想要的是一種互相陪伴的關係，不一定要有婚姻的形式。只要有一個真正能夠瞭解妳，陪伴起來很舒服的人，那就夠了。所以，男人女人對我來說並非重點……」她說。

「我爸爸是極端火爆浪子的性格，那種傷害已經在我們家裡形成了，所以我不想再重蹈我媽的覆轍，傳統婚姻關係我早就看得很淡……而且啊，」她笑說，「我曾跟我媽說，那個人搞不好是個女的喔，我媽說那也不錯啊，不過跟男的比較好啦！哈哈哈……」

爽朗的笑聲在挪威森林裡漾了開來，楊朵再為自己點上了一支煙。

岳珊的故事：Be Bi, or not be Bi, that is *NOT* the question

從頭到尾，我發現岳珊從未提及「雙性戀」三個字。顯然，她對這個標籤沒有特別的親切感。

「我想，我就是我吧！當我和小麥在一起的時候，我就是一個很愛小麥的女人。」

「那現在呢？妳會怎麼描述妳自己？」我問。

「現在我會說，我是一個快要結婚的，幸福的女人……」岳珊甜甜的笑了。

我們不是手帕交

「像我這樣的個性，如果對方愛我不夠深，不夠強，是很難包容我的。和女人在一起這八年來，我是徹頭徹尾的改變了。我不知道一開始談戀愛就遇到一個這麼包容我的人，是幸還是不幸。當一個人如此無條件愛你，你不太會去珍惜，事後你才會發現這是多麼珍貴的。我只想說，我很感謝她。」

我認識岳珊是在大學的時候。印象中，她和小麥總是出雙入對的，兩個都是美麗清純的長髮女生，ＴＰ莫辨，算是拉子圈裡的異數，要說她們是ＰＰ戀，她們肯定不以為然，誤認她們是手帕交，她們可是會翻臉的。

兩人國二就同班了。說岳珊有多叛逆？大約就是從小就會拍桌子和老師對幹的那種，好不容易考上的音樂班被退學，到處找不到願意收的學校，最後轉到一所國高中合一的學校，便一路和小麥同班到了高中畢業。「高二之前還是『純同學』，但是是那種『桌前吵桌尾和』的歡喜冤家，壞的時候一整個學期把對方當空氣，好的時候分分秒秒都膩在一起……」岳珊說。

「有天她到我家玩，突然要求要看我暗戀的男生的照片，她看了之後抱怨說，『啊，怎麼那麼醜阿？』，可是明明很好看的一個男生啊，結果我們討論了一整晚，晚上不知道為什麼，我就不想讓她回家了……就在那天，我們發生了初吻。」岳珊說，「那個行為，讓我們覺得，啊，一切都不一樣了。隔天早上醒來，小麥打死不承認這一切，當作沒有發生過，不過後來就自然而然在一起了，什麼事都在一起……」

女生和女生手牽手、一起上廁所，在那個時期本來就是稀鬆平常的事，她們藉口有伴唸書，搬出來住在一起。像是對方的影子，形影不離，這一住，就住了六年。對女人的情欲就這樣不知不覺地開發出來了。

「很自然就發生性關係了。那種感覺就像古早時代的男女，他們生小孩就生了，也不會去想這小孩怎麼生出來的……就是很自然，像是一種天性、本能，完全都是自己摸索……」

高中校風保守，也沒有其他的拉子情侶可以參照比對，直到大學，還是透過拉子風氣盛行的北一女同學提醒，她們才恍然大悟，啊，有同性戀這回事。「她告訴我們說，妳們兩個明明就是『女女朋友』嘛！我們很驚訝說，啊，真的嗎？我們一直以為我們只是很好的女生朋友，她說不是，妳們這樣已經超出同性朋友了。她自己也有女友，就開始慢慢灌輸我們同志的概念，我們才慢慢被……啟發吧！」

於是小麥開始積極參加同志團體，尋找認同。但整個過程裡，岳珊從來沒有想過要去定義自己，一切都是如此自然而然，無須道理。「我覺得每個人都是不一樣的，我也不覺得自己是離經叛道，異於常人，特別不好，或傷害了誰。」

聯誼盛行的大學時期，她們也曾好奇湊過熱鬧，享受被男生追求的「成就感」，但當兩男兩女一起出去「double date」的時候，她們才發現一點也不好玩，「那時我們對男生一點感覺也沒有，但彼此還是會吃醋啊，而且感覺不好，所以後來就決定停止這個遊戲，結果那兩個男生好可憐喔……哈哈哈。」

或許因為她們都是穿裙子化妝的長髮女生，想灑煙霧彈「蒙混過關」，假裝手帕交容易，但要向外人驗明正身，要求以情侶的姿態被看待，卻備受質疑。

「我覺得滿傷人的是，有很多朋友說，妳們會不會到最後發現，這八年根本就是姊妹情誼，但妳們兩個還一直以為自己在談戀愛？有人可以這樣渾渾噩噩八年，跟自己姊妹睡在一起，發生sex嗎？怎麼會有人這樣想？外人是很難瞭解的……」岳珊不平。

或許是因為成長環境的得天獨厚，讓她可以很自在地作自己。岳珊在一個風氣自由的家庭中長大，家人都知道她交了女友，「我媽說她在學生時代也喜歡過女生啊！」岳珊笑說，「更酷的是，有一次雙方父母一起吃飯，小麥的媽媽和我說，『妳不要纏著我女兒，讓她去交男朋友！』我媽就當場回她說，『這不是我女兒可以決定的喔！』哈哈……很神奇喔？很少有父母可以做到這樣！」

亦情人亦母女

即使是刻板印象，同志圈內的TP、哥弟，或許比較容易想像其中的互動關係，所以我很好奇，這種渾然天成的女女戀，會形成怎樣的角色模式？

「我們最愛逛街買衣服了，她穿中性的我覺得很OK，她穿裙子也很好，我們會一起打扮，我常常強迫她出門一定要化妝，補個粉什麼的……」岳珊說，「我常會叮嚀她，妳要擦保養品喔，女生怎麼可以不擦保養品？妳要減肥啊，變瘦一點，男生才會喜歡你……妳覺得相戀的人會說這種話嗎？所以這時候媽媽角色出現了……」

小麥的父母在她兩歲就離婚了。若說，岳珊彌補了小麥母親的缺席，而小麥之於岳珊，則是孤單童年的陪伴者。「家人很忙，所以童年的記憶裡，似乎都是一個人，但我其實是很怕孤單寂寞的小孩。小麥的出現，填補了我生命中空缺的那一塊，我會知道有人在我身邊。幾乎能夠在一起的時間，我們絕不會離開對方……」成長時期一種相依為命的，共生體似的關係，她們是青梅竹馬的情人，也是母女、姊妹、摯友。

過去對關係的想像，總有一方是扮演主導或保護者，所以我問岳珊，妳們是怎麼分配這主被動、強弱勢的角色，她歪頭想了許久，似乎這問題不曾出現在她的邏輯之中，只說了一段往事。那次她們去看莫文蔚的演唱會，小麥擋住一個男人的視線，他揮手打了小麥的頭，岳珊一見，拿起包包就往男人的頭揮去，包包裡還有個鋼製運動水壺。「那男生一把把我推倒在地，他有一百八十五公分高吧，我們兩個弱女子當場就跟他打起來了，最後鬧到警局，我們堅持告對方傷害，他可是負了賠償費才離開的，」岳珊說，「所以誰扮演保護者的角色？我不知道，我只知道我這麼小，才一百五十幾公分，可以為她跟一個比我高三十公分的男人打起來……」

另一種愛的觸覺

岳珊又點了一杯草莓奶昔。我注意到她的隨身用品幾乎都是粉色系的，繽紛亮麗的少女風格。如同她笑容中透露出的幸福感，我彷彿都可以看見她背後飄著粉紅色泡泡和玫瑰花瓣。是的，現在的她，是一個待嫁新娘了。

大學畢業後，我也就和小麥與岳珊失去聯繫。只是沒想過，她們之後的故事，竟是六、七年後，在咖啡廳裡，對著轉動的錄音機，聽岳珊娓娓道來。她細述這場初戀，是如何在年少不懂得經營，各自的多次出軌，與日漸淡薄的情感中逝去。後來她愛過了幾個T，短暫的交往後，在去日本唸書後不了了之。

「以前我不太能認同男生，覺得他們都糟糕。十幾歲時有個同學告訴我，曾被家人性侵害，過程描述地很細節，所以從此就覺得男生都很醜陋，女生都是受害者，已經到一種病態的程度了……」岳珊笑說，「我想後來會一直都和女生在一起，是因為女生才讓我有安全感，男人都讓我覺得好恐怖……」

某個偶然而短暫的異國戀，卻開啟了岳珊情感上的另一種觸覺。在遇見平岡之前，她無法想像，男人也可以是如此令人安心、優雅、體貼的生物。那是一個斯文好看的男人，完全不同於一般男人的典型，從她對他的描述，我幾乎要聯想起平井堅了。平岡究竟是如何撼動岳珊內心對男人設下的銅牆鐵壁？我吵著要求舉例說明。

「比方說喔……第一次晚餐約會，就讓我留下了深刻印象，」岳珊甜甜的眨眨眼，「他到家裡接我，提早了二十分鐘，打電話告訴我，慢慢來，讓我知道他已經在下面等我了。我門一打開，車就在巷口，他又打電話來說，『妳不用走過來，我倒車去接妳……那種感覺是，他讓你走那一段路都捨不得……每次約會，他總會先想好帶你去一些浪漫的地方，比方說海邊的餐廳……』，她接著說，「他很溫柔，除了牽牽妳的手，也不敢作一些額外舉動，會體貼妳當下的每一刻需要，讓我覺得，這個男生怎麼這麼特別？」

再追問親密關係的部分，岳珊讓我失望了，但更多的是驚訝。「平岡應該是處男，他覺得性關係應該是婚後的事，」岳珊頑皮地吐了吐舌頭，「我和男人的第一次，是給我現在的未婚夫喔……」

「其實我也沒什麼經驗，所以我們試很久，兩三個月都沒有成功……」見我一臉不解，她又解釋，「喔，我未婚夫也是處男！」

待嫁新娘

離開咖啡廳，岳珊把喝了剩下三分之一的奶昔打包，我們步行回到她的辦公室。所有同事都已經回家了，只有一個男子默默在角落繼續工作著。岳珊把奶昔遞給他，

「那，給你喝！」男子沒說什麼微笑接下。也是一個好看、斯文的老實男人。

「他是個工作狂，工作是他的生命……」我和岳珊回到她的座位，繼續聊著，「他已經六、七年沒談戀愛了，辦公室裡很多女生都很哈他，知道我們在一起後，我一度還被排擠呢……有人說他太歸毛挑剔，但我覺得，是因為上段感情傷他太深了，」岳珊說，「他是值得託付的人……選老公和情人是不一樣的，但他會是個好老公。」

我們聊起小麥的近況。她們還是很好的朋友，岳珊前陣子還跟小麥和她女友一起吃飯，「她後來就一直和女生在一起了，看到她很幸福，我覺得很好……」岳珊停頓了一下，「昨天跟某個前女友吃飯，當初也滿迷戀她的，怎麼現在看到她連一點點感覺都抓不回來？好害怕，怎麼感情這麼脆弱？喜歡女生的感覺，已經很久很久消失在我記憶裡了，抓不回來了……這是此刻的感覺，但未來怎麼樣，我不知道……」

「妳有試著告訴未婚夫妳的過去嗎？」我問。

「有次，他問我交往八年的那段感情（性關係）進展到什麼程度……哈哈，我就老實說，都是女生要怎麼講進展到什麼程度？她是女的啊！結果他完全不相信，以為我在開玩笑，我也就輕描淡寫帶了過去……對我來說，過去是過去，沒有必要讓對方全部知道，現在比較重要。」岳珊說。

至於雙性戀這個身份，岳珊倒不以為意，「我剛提到的那個北一女同學啊，她就一直很看不起Bi，她覺得怎麼會有這種族群的存在？要不就是T，要不就是P，要不就喜歡男的，要不就喜歡女的，憑什麼悠遊在兩性之間？我會覺得，瑪丹娜也是Bi阿，Bi很多阿，人家就是喜歡男生又喜歡女生又怎麼樣？她那時就很歧視我，說她一眼就看出我是個Bi，哈哈，so what？」而知道岳珊曾和女生交往的異性戀姊妹們，反應又大不相同，「她們說，ㄟ，妳變正常了耶！我們就知道妳跟我們一樣，有一天會去結婚的……哈哈哈……」岳珊把聲調提高八度，誇張地模仿那群好友的反應，自己都忍不住大笑了起來。

「如果我問，現在的妳是什麼，妳會怎麼稱呼自己？」我問。

「也許將來我會結婚、離婚，後來又跟女生在一起，這一切都難以預料。但我現在站在什麼樣的位置，我就是什麼樣的人，要去選擇一個認同，我覺得好複雜喔……」岳珊把頭轉向男子背影的方位，看了一眼未婚夫，微笑說，「現在我會說，我是一個快要結婚的，幸福的女人……」

小米的故事：拉子的髮型沙龍

「Neo，妳說嘛，我到底要不要跟James回加拿大啊？」這個問題顯然困擾小米好一陣子了，每次遇到熟客，話題總離不開移民這件事。

打開一瓶新髮雕，小米仔細地刮下一圈，替Neo的超短髮抓出崢嶸造型，她特地為她留了個漂亮的鬢角。對T來說，一般女性短髮和T的短髮最大的不同，就是在於一個帥氣的鬢角，而小米永遠知道，T要的美感是什麼。這是一家開設在公寓裡，尋常的小型髮型工作室，但我在這裡嗅到一股特別的氛圍：T的氣味。她翻開了自己拍攝的髮型樣本集，我讚嘆了一聲，My God，裡頭全都是形形色色的T們，展示著她為她們設計的，既帥氣又不會man到超過的髮型。「一般設計師很容易把T當普通女生的髮型來剪，有些T又不知道怎麼跟設計師溝通，所以圈內朋友拉朋友，一個個消息就慢慢傳開了……」小米說。

陪Neo剪髮，無預期地，我遇見了小米。沒有刻意的採訪，就是在她的店裡隨意地閒聊，這個妙齡摩登的髮型設計師，大刺刺地毫不設防，天南地北什麼都可以聊，也就聊出了她的雙性戀史。

叨叨絮絮地說著國、高中，兩小無猜的戀情，那時眼裡是看不見同性戀的。生平第一次見到T，還是被朋友帶去一家「T Friday」，滿場穿襯衫、打領帶的T公關服務陪酒，她還是完全狀況外。「我第一個念頭是：她們怎麼沒穿胸罩啊？我和T公關聊喝酒天，還一直問人家：有沒有男友？結婚了沒有？之後一直被同學糗得要死。回去後，我同學起鬨說，幫我擋酒的那個T可能對我有意思喔，我當時只覺得，怎麼可能？她不是女生嗎？」

進入美髮業，陸陸續續遇到了幾個T客人，有的塞信給她，有的藉故幫她修電腦，約她出去。毫無預期下，懵懵懂懂彷彿是「被雷打到」，突然打開了新的雷達，接受到另一個星球的頻率，「不知道為什麼，有天就突然對W有了『奇怪的感覺』，她開口表白，我們就自然而然在一起了……」，沒有太多掙扎與認同的辯證，一點心裡小小的矛盾疑惑，也在周圍環境奇妙地支持之下，一切順理成章。「那時沒跟什麼人講，只和店裡比較好的同事說，我和女生在一起了，結果發現，天啊，同事裡竟然有拉子、有Gay，也有雙性戀，所以後來我都大方地把女友帶來店裡……」

有天母親整理東西，翻出小米和女友的親密照片，「這不是女人嗎？妳的好朋友喔？」母親問。她只想了五秒鐘，就回答，「沒有……我們在一起了！」母親沒有強烈情緒，只淡淡地說，「嗯……還是找個男生比較好吧！」小米是單親家庭的孩子，和母親的關係像是可以談心的朋友，或許是因為自己在婚姻中並未找到幸福，對於孩子是否婚嫁，沒有太多執著。「我媽覺得，如果沒有遇到對的人，結婚要幹嘛？如果能過得快樂，一個人也沒什麼不好……」

和女人談了多年戀愛，小米後來自己開的工作室，慢慢成為圈內口耳相傳的「T的髮型沙龍」。說著，一對拉子情侶推門走了進來，顯然又是熟客。「今天要剪怎樣？」小米俐落地在她頸間繫上了巾子。

「嘿，剛剛我們說到哪？」我遲疑地看了看新來的客人，「不要緊的，她們都知道我的事，大家都熟……」小米笑說。

小米的工作室，此刻看來像是一個居家而私密的拉子聚會地。那些圈內熟客，早已成為朋友，一路伴著小米的情路走得高高低低。小米與前女友們的關係仍舊如同親人，她們有時會帶著新女友登門拜訪，小米便很阿莎力地順便幫兩人一起設計個新髮型。在這間小小的髮廊裡沒有祕密，即使後來小米開始交往外國男友，都是可以拿來八卦分享的話題。

「以前會覺得和女生在一起好像比較有安全感，但幾段感情之後發現……唉，其實也不見得……」，這句「唉」聲當中，跳過了許多血淚斑斑的情節。「我現在覺得，愛是不分分男女的，我談戀愛是跟他（她）的性格在一起，而不是跟他（她）的性別在一起。」

James是小米去夜店跳舞時認識的加拿大籍男友。第一次約會結束後，James突然跳上她的計程車，給了司機他家的地址。早上醒來，James已經出門上班，在床頭留下花、水果、巧克力和卡片，寫著「情人節快樂」，那天剛好是二月十四號。

「這男人浪漫的程度會不會太像電影了啊？」我驚嘆。小米俏皮地伸了伸舌頭，笑容裡帶著些開心得意。

交往兩年多了，小米知道這男人是認真的。James思鄉，直吵著要她跟著回加拿大生活，這就是小米最近「幸福的煩惱」。

「在妳店裡常有這麼多T晃來晃去，妳現在看到女人還會心動嗎？」我問。

「如果我和James的感情一直像現在這樣，我想是很難有人可以破壞的啦！」小米信心滿滿。只是小米真的捨不下這家店，這群朋友，以及台灣這片土地。對於婚姻，這種在她成長經驗裡未曾見過美好案例的關係，也還有一些遲疑。

「所以洛葳，如果是妳，妳會和James回加拿大嗎？」小米忍不住又問了。

9 黑咖啡與拿鐵的深情對話——一〇一種雙性戀的樣子之五

當單性戀愛上了雙性戀……

在愛的國度，她們一個是極品黑咖啡，純度百分百，一個是絲滑香醇的拿鐵，多層次口感，當拿鐵遇上黑咖啡，會激盪出怎樣的火光電石？

子儀的故事：雙重滋味的拿鐵

我發現他是愛我的，是因為後來我愛上了那個女生。我發現我會用他當初對我的方式來對她，原來那某種程度是一種愛的表現，或是愛的空間。我發現，我很自然會做相同的事…

子儀有一本日記，時間是一九九七到二〇〇一，裡面滿滿記的是關於她和眾多男人的情史。說是情史，或者更像是遊戲紀錄，玩著玩著，發現了自己怎麼一直反覆在玩同樣的遊戲，在同一個圈子裡打轉，雷同的劇情，新瓶舊酒，怎麼喝都是同一個味兒。而故事的主題叫背叛。

子儀是下定決心要玩的。自從那個總是嫌棄她身材帶不出門的高中初戀男友，以一張「Let It Be」的紙條草草結束一年多的感情，她就決定要好好的玩，沒有玩遍百家姓，也要試過十二星座。

但大一迎新時，就和莊在一起，一交往就是六年。但只有一年半是真的，其他都是台面下多線發展。莊很好，可能是太好了，讓人找不到任何分手的理由。願意等、願意讓步，劈腿願意原諒，所以就耗著。「好啊，反正你不跟我分手，你就耗著，我就玩我的，他看在眼裡也不說什麼，反正我也沒損失。需要人的時候他會在，如果今天找不到A，找不到B，最起碼都有他。」

然後子儀還有個臭味相投的女生死黨作靠山，兩人價值觀相近，一起玩，互相包庇。愛情對她來說是萍水相逢，合則和，不合則離，最怕遇到的是那種想要定下來的人。

「在外面一直偷吃，偷吃到最後自己都覺得這樣一直說謊下去很討厭，到最後你已經不喜歡你自己了……」莊從來不抱怨，不爭吵，但這樣的關係卻讓子儀感覺痛苦。「無法講出口，那是一種往底層撕裂狀態，人很不快樂，每天醒來看不到陽光……那個時候很好奇，一個人痛可以痛到什麼程度。狠到底可以狠到什麼程度，怎樣的死會是最美麗的，不論是在跟男友之間的關係，或是跟自己，想要知道自己的極限在哪裡，不懂人為什麼會快樂……」

莊當兵的那兩年，子儀更變本加厲，「後來覺得他在身邊是件很討厭的事情，連他的聲音，他的表情都覺得反感，連接他的電話都覺得浪費時間。」子儀把罪惡感投射到了莊的身上，對他只剩下抗拒。

談分手那晚，子儀鐵了心全盤託出所有的出軌史。「一講完，他說他全都知道，『因為我看你的日記看了兩年！』我當場傻眼，而更讓我背脊整個發涼的的是，他竟然說，『沒關係，我都可以原諒！』」就在這一夜，子儀覺得整個狀況失衡到無力負荷，決心斬斷和這個人所有的瓜葛。

然而，那是過去的子儀。

「在跟他相處的狀態中，我在他身上看到愛的樣子，只是因為我沒有付出，我忽視他。這是我後來發現的。」她吐出了口中的煙。

子儀有著學生般的中長直髮、消瘦清純的臉龐，和舉止談吐之間複雜的早熟與強烈，揉合成一種鮮明搶眼的對比。陪子儀來訪談的，是她現在的女友小陽，靜靜地在一旁聆聽著她早已熟知的情節。她們之間沒有祕密。

「一開始對女生沒有遐想。但就是自然喜歡她，想靠近她，覺得沒有威脅感，不會被傷害，漸漸越走越近，就在一起了。」子儀說的是阿至。兩人當時在同一個工作團隊，一個矮小斯文的，戴著眼鏡的T樣女生。而在遇到她之前，子儀根本是個同志絕緣體。

過去的聲名狼籍，子儀也不多加解釋，而阿至看起來則是個乖巧單純的孩子，朋友都擔心她，「大家都說，妳不要再去欺負別人了，妳自己的私生活都已經搞得這麼爛了，妳還去欺負同志……那時候覺得愛怎麼玩是我的事，妳怎麼看妳家的事，妳要說我是賤貨就賤貨，我也不在乎……」

在一起的三年，子儀這次下定決心再也不玩劈腿了。她說自己這輩子唯一沒有試過的就是好好地對一個人，所以她決定專一，她想知道專一會變成什麼樣子。「我因為對她的專心，看到我以前男友對我的愛……因為對她的專心，我在她身上體會到，某種程度愛的一種極限……」

和女生的第一次

第一次和女生作愛是在工作的剪接室。子儀竟然哭了。

「哭的原因是因為，我不知道該如何自處，倒不是因為她對我做了什麼。因為我沒有跟女生做過，如果是親吻、愛撫這一類動作跟異性戀一般的就沒什麼問題，但進行到下半身的時候，就有點不知道她要幹嘛？我不懂怎麼處理自己的身體，那是一種慌張的感覺……眼眶泛紅，她就停止了，氣氛很僵，她也不知道她到底做錯什麼，但當時我不知道如何做，所以無法繼續……」

同志性愛資訊的極度貧乏，讓子儀即便在大腦中可以接受女女的情欲，在身體上卻無法想像那樣的畫面。面對一個和自己有著相似身體的女人，欲望究竟應該如何表達？由於當時沒有任何圈內朋友，子儀只好自己去看A片。竟也從那種原本是滿足男人性愛奇觀的女女A片中得到啟發。

「因為交了一個女友，從她的需求或反應更釐清自己，更知道自己喜歡什麼，不喜歡什麼。我發現她有很多地方跟我很像，但跟男生相處幾乎不會這樣，跟男生相處會比較自我一點，我不知道他們要什麼，我想就上床就好了，你們不就要這個嗎？很多事情就是上完床就沒事了，很多事情都可以在床上解決。但這樣的解決方式是我覺得很不用花腦筋的。可是跟女生比較不一樣……」

「她碰得到我開心的地方……而且跟女生，『遊戲時間』加長……高潮滿多次的

（笑）……」「那男生呢？」我問。

「他們只在乎他們開不開心啊！而且他們很快就結束了，他們一直很努力很專心在忙他們自己的事，很快就結束，然後就睡著了……有時候我從頭到尾都很清醒，根本沒有任何感覺，在做的時候整個人好像站在床頭邊看一樣……抽離。」

「她會靠近你的心，她可以感覺到妳要什麼，怎樣會讓妳比較舒服，這個狀態跟男生是很少有的……她會願意這樣放開心去聆聽妳的狀態，我覺得對我來說，是一件很開心的事……」「我們有時候會討論，但基本上，她可以從我的身體解讀我的心情或狀態，這讓我覺得很開心……」子儀說。

對於男人與女人的身體欲望有何不同？「其實我是跟她做了以後才發現，原來我對女生的身體比較喜歡。我從來沒有對男生的身體有興奮的感覺，肌肉什麼的我都覺得好噁心，就算我看A片我都不看男生，口交什麼之類的，都會轉掉……我會看女生，覺得很開心……感同身受的感覺。」

「那觀看的位置呢？妳是欲望女人，還是認同女人的角色？」當好奇一個人的情欲角色位置時，通常我會以看A片時的觀看角度作為假想題。

「我會交換耶，兩邊都會認同……當我幻想的時候，沒有去想我是以男人還是女人的身體跟她（A片女優）做愛……就是我啊……沒有想到是男是女……」

然而三年多的感情，分手卻只花了一個禮拜，事先毫無徵兆。阿至當時認識了一群新同事，連續三天出去玩，卻不講跟誰。在子儀心裡，阿至是個乖小孩，給她極大的安全感。但那晚阿至卻沒有回家。子儀一夜失眠。

「妳要跟我分手嗎？」隔天子儀打電話給她。「我們永遠也不可能回到以前的樣子……」，阿至只是淡淡的說。電話這頭，子儀的眼淚一直掉，卻不願讓對方知道自己的痛，不想讓自己顯得懦弱。

「那我們要分手了嗎？」子儀問。「這是妳自己說的喔……」阿至回答。「阿至，這三年來妳到底有沒有愛過我？」「我不知道……」一句簡短的回答，電話掛了，她們就再也沒有聯絡了。「我心那時裡想，他媽的，妳就不能撒個謊說有嗎？說謊有這麼難嗎？真是令人心碎……」

「我覺得女人比男人狠，像我之前對我男友做的一些事情其實還滿狠的，但男人不會做這樣的事情，而阿至對我的方式就跟我對別人是一樣的……」子儀說。

就在分手前一個禮拜，子儀其實已經訂下了一台歐洲進口車要送給阿至當禮物，這用盡了她出社會後所有的積蓄。後來，子儀就是用這台車每天到阿至公司門口偷偷看她下班。「我要看我什麼時候去看她不會哭，那時候，我就不來了……」那段時間，當記者的她拚命跑新聞，完全不休假，搶著幫全公司的人代班。「不知道活著到底要幹嘛，覺得死也不會有人在意吧！吃安眠藥、自殘、嗑藥，去Pub搞一夜情，反正也不痛不癢……我只是想要把死的時間提前，提前到現在就結束。」

「我覺得當下會對女生有恐懼，相對對愛情本身也有恐懼。而且那種孤獨和不信任感是會殺人的。」

後來遇到一個很陽光的男人，子儀從他身上得到復原的力量。「他是個很快樂的人，他的快樂會讓我覺得是一種出口。他是一個很積極樂觀的人，那個時候，這些東西都是我做不到的，跟他在一起，他的快樂會讓我輕鬆些……」子儀又回到回了異性戀的狀態，只是這個男人有論及婚嫁的女友，成了市面上一般三角關係。「但至少是可以拿出來跟姊妹討論的。之前和小至的關係無人可講，所有東西都是封起來的……和男和女交往差別，能不能說也是一個重點。」而這段感情終究還是無疾而終。

認同？我就是我

伴侶的性別轉換，認同與身份轉換的過程並似乎沒有對子儀造成問題或任何情緒上的影響或震撼。「我覺得愛是平等的，愛不應該有性別，不是因為你是男是女而愛你，而是因為我決定要愛你，所以我接受你是男生還是女生的身體。我可能比較自我吧！小陽會常問我有什麼不一樣，但我發現最大的差別不是對象是男生和女生，而是我自己對待人的方式，我自己的改變，我在裡面學到的東西，這對我來說才是重要的。今天你是男是女又怎麼樣？如果我都不認識自己的話，不論對方是男是女都不會有好下場。」

「不過我覺得同志很辛苦。在異性戀的時候，我不用這麼辛苦，當我愛上一個人的時候，我只需要誠實地面對自己的感覺，但跟同性在一起的時候……我自己沒有這樣的狀態，但我女友（小至）會，她一直以來都是同志，她有遇過別人對她的歧視，在公司的壓力，別人看她的方式，她不喜歡。這讓我覺得我的一些行為需要更正。比如我走路時習慣牽著我的伴，但她不會讓我牽她的手，可是我覺得這沒什麼不好。我沒有意識外界奇怪的眼光，你要看你就看，你不爽是你的事。」

「從頭到尾妳有想過自己的認同嗎？」我問。

「我就是我啊！我交過男友也交過女友，他們就會說，啊，妳是雙性戀！So？然後呢？我不懂這代表了什麼？我的生活我決定啊！我想要做什麼是我的事！即便是我的父母親……」

向家人出櫃

「第一次跟我老爸come out，感覺上傷了一個老人的心……」那天父女兩坐在客廳裡邊喝酒邊看電視，正上演著同志的劇情，子儀便順勢向父親出櫃。

「我就說，『爸，我交女友了』，我爸罵個不停，說『妳永遠都在做一些不正常的事…妳到底什麼時候才要變成正常人？』，他總覺得他女兒的工作、生活、感情都亂七八糟……」

「我回答說，今天因為我是你女兒，所以你愛我，不是因為我喜歡男生。因為我爸和我媽處得不好，他們是很疏離的，我跟我爸說，如果現在有別的女人願意照顧你，你跟她在一起很好的話，有人質疑你不對，我會出來挺你，因為我愛你，因為你是我爸爸，我就是會站在所有人面前擋住那些傷害，因為我愛你我會這麼做。而我是你女兒，你也要這麼做，如果今天有人質疑我說，為什麼你女兒是個同性戀，你要站出來跟他說，她快樂，那有什麼不可以嗎？」講完之後，子儀的父親默默端著他的那杯酒，走進房間關上了門，沉默了許久。那陣子他們好長一段時間沒和對方說話。

失戀後狀況很糟的那段日子，子儀常喝酒、嗑藥，某個宿醉的早上搖搖晃晃走到客廳看報紙，渾身都是酒味。母親坐在地上摘菜葉子，子儀就坐在她後面的沙發上。那天的對話與情景，一直深深刻在心版上。

「妳最近還好嗎？」母親問她。

「還好啊！」語未竟，眼淚就掉下來了。

「那怎麼最近都沒有看到阿至啊？」

「比較少聯絡了……」一提到她的名字，子儀幾乎崩潰。

「算了啦，人都是這樣來來去去的，沒有必要這樣，沒有關係啦，妳還會遇到更好的……」不知是不忍看到子儀的傷心，還是不想讓女兒看到自己臉上的表情，聽到了她的啜泣聲，母親放下了手中的菜葉，安慰著子儀，卻始終沒有轉身。

子儀從未向母親出櫃，她猜想可能是父親透露的。「我媽本來是很反同志的，所以那天她這樣講的時候，我在後面哭到一個不行……我知道他們不接受，可是因為我是他們的女兒，所以他們還是會希望我快樂……」

「所以我現在交了新女友，我就很老實的跟我爸講，他們都很OK啊，雖然我媽都說，「妳那個楊同學，楊小姐什麼的，她就是不會說妳『女朋友』這三個字……」

「因為阿至家裡很封閉，她爸很早就走了，她媽一直裝作不知道這件事，每次我跟阿至在一起，都要避東避西……讓我今天覺得，妳是我女友，我要帶妳進我家裡，那個路是我要開的，因為那是我的家，怎麼『治』他們我很清楚，我會把路開好，妳就安心的進來……我今天愛上一個人，就是會為他做這些事情，不論他是男生還是女生……如果她是女生，會遇到男生遇不到的問題，也許比較困難、比較辛苦，沒關係，我來解決！」

拿鐵與黑咖啡的對話

不知是因為念力，還是被開啟了另一雙「陰陽眼」，原本沒什麼拉子朋友的子儀，開始慢慢發現身邊的女同志越來越多。「發現路上好多同志喔，眼睛就突然看見了……而且很興奮，還會去數我今天看到了幾個……」

而雙性戀經驗也讓子儀對性別有更細緻的分類。「交了女友，眼睛裡看到的東西就不一樣了，不像以前這麼簡單只有男生和女生，還有T這樣的一種人，讓我忍不住想要多觀察，看看會不會再遇到。」

試圖在新聞圈裡找尋女同志的蹤跡卻徒勞無功，子儀某天在一家電視台面試時，看見了T樣的小陽。「阿，她是個T耶，眼睛為之一亮……想說，我接下來要來的環境有個T耶，對她印象很深刻，就覺得，她應該是我的吧！」

坐在一旁的小陽聽了不禁莞爾。

結束了上一段，子儀對於女人還是有某種程度的不信任感，而帥氣好看的小陽，的確也有些不安定的氣質，但小陽的願意聆聽，願意了解子儀的故事，將子儀慢慢地向她拉近。

「那時候我就覺得，如果我一直因為很害怕不付出，或因為過去的經歷而沒有任何改變進步的話，我就應該更早結束生命，我不要活這麼久。所以後來開始聽她講話……聽小陽和前女友的事。」小陽過去有一段長達六年痛苦的情感糾葛。

「妳會不會覺得我跟這個人分這麼久了怎麼還沒好？」小陽突然插嘴。

「我覺得某種程度上我可以理解放不下來的情緒……今天我想跟妳走，妳的過去我概括承受，妳的未來我不知道可以陪妳走多久，但我願意試試看。所以她講，我就安靜地聽……」

「我就跟她講，我也不是什麼好人，我的過去也是很不開心…我沒辦法看起來像她過去的伴這麼老實乾淨，那是整個人氣質的問題，但我已經沉澱很久了，我可以告訴妳，我可以做到……就是因為過去不好，所以我現在要更好……」小陽說。

我的女友是個Bi

一開了口，小陽也就接著講了下去。她認同自己是個純同志（T），過去的女友也都是純婆，子儀的雙性戀傾向，給了小陽不少的衝擊。

「我覺得她沒有改變，她還是用她愛小至的方式，愛她男朋友的方式來愛我，是我一直在變……她讓我瞭解到，愛和性別無關……我現在也會看男生啊，會比較尊重男人，也會跟她討論，我以前生活裡看不到的東西……」

從小陽的話裡，也明顯地感受到典型的圈內「恐雙」情結，包括對雙性戀者忠貞度的不信任，選擇性多，隨時落跑的牆頭草性格等等。「我有時也會想，她會不會在路上看到別的男生，或又喜歡上男人之類的，她跟我說不會……但人生很長啊，總還是會認識欣賞的人，那怎麼辦？她也很大膽的講說，喜歡的話他就會老實告訴我，我覺得這很恐怖，這是雙性戀會做的事……」

「我要求自己要對自己誠實，也對對方誠實，即便是遇到了喜歡的人……但我相信，我願意珍惜。妳受過傷害，妳會珍惜你現在擁有的東西，而不是期望妳沒有的東西，那沒有太大的意義……」子儀側過頭對小陽說。

但在子儀的眼裡，同志圈反而是一個複雜混亂的是非圈，「我覺得同志圈子小，人少之外，它的關係就像是一個複雜的網絡，A和B有關係，B和C有一腿，然後C可能以前是A的第三者之類的。我在異性戀世界反而不會這樣……可是同志圈聽來聽去，誰總是會跟某某人有關係……我不懂，妳會因此而比較開心嗎？」

不只對於雙性戀情人「不穩定」的疑慮，對小陽衝擊最大的，其實是關於性的部分。

「我會覺得雙性戀做愛的方式不一樣……T會有壓力，會有一個比較的心態，會覺得要模仿（男人）很像，她才會開心，所以我也做到了，雖然腰酸背痛……」小陽說著大笑了起來，「但那也不是她要求的，她的答案往往是我覺得很奇怪的，她根本不喜歡這樣，沒有必要這樣，男人做愛並沒有比較好……但我還是無形中會有……因為我知道她的過去，我心裡會有比較，會害怕……」與男人較勁心態，似乎是圈內許多T共同的情緒，面對雙性戀情人，她們的隱性的競爭者是社會上相對優勢的男性，無力與強大異性戀體制抗衡，是不安全感與挫敗的主要來源。但小陽的情緒裡，似乎還存著對異性本身莫名的抗拒。

「我不喜歡男生碰她……她有一個很純真的心靈，很可愛像一個天使……她怎麼會被一個那麼髒的東西碰過？我覺得男生很髒……我覺得男人對女人做的事情是一個侵略性的動作，我不能接受……好想要把她過去生命中其他男生全部拔掉，好希望我可以要她的一切……可是妳怎麼去挑選你愛上的人呢，上天安排給妳了，妳就是要去面臨他解決她……」

在小陽一連串的描述與解讀裡，男人似乎被等同於髒，等同於傷害，而這樣的認知究竟是如何形成，我試圖從她的故事中找到蛛絲馬跡。

小陽的故事：絕對的黑咖啡

十九歲那年，小陽的球隊贏了一場重要的球賽，她和她最好的哥兒們開心地抱在一起痛哭歡呼，「但他就忽然壓上來……我們認識那麼久了，稱兄道弟的，他怎麼可以對我做這種事……我永遠忘不了他的那一雙眼睛……好可怕！我不能想像，有一個男人這樣壓在她（子儀）身上……用那樣的眼神看她！」

「男人會失控，但妳不會看到女同志有這樣的衝動……妳可能想要吻她，但妳不會想用這樣的方式去得到她的身體……很動物，我會否定男人的那個東西……」

在小陽的描述裡，強暴與家暴似乎被等同於男人，等同於男女之間的性。最主要的影響恐怕來自童年與青少年時期的經驗。

從小在眷村長大的小陽，小時候也曾經親眼目睹，一個女人被拖到暗巷強暴的畫面。「男人總是想要引起女人的興趣之後，然後跟女人上床……所有的目的都是為了性……」

♡

小陽其實也是交過男友的。高中初戀在一起三年，寫寫情書牽牽手，沒有更進一步的親密行為。男友對她很好，但女生對小陽來說更有說不出的吸引力，在圖書館會有女生傳紙條過來，也會有其他學校的女生過來陪小陽讀書。高三下交了第一個女友，「那感覺超夢幻，看到她心都快要跳出來，原來這才是愛情！」和女友分手的痛苦，讓她覺得男人遠比女人「安全」。「我覺得不好玩了，男人我可以控制他，他如果對我好一點，我就跟他在一起，但是女人我掌握不到，一場空，那時我很自私，想說，跟男人在一起好了……」。重考那一年，小陽又交了第二個男友，甚至一度論及婚嫁。

「你愛過他嗎？」我問。

「愛啊！他是唯一讓我不覺得噁心的男人，他很乾淨，很女性化……」小陽笑笑。

即使當時朋友圈對於小陽的性傾向已有蜚短流長，不過她始終沒告訴男友自己愛女人的事。「還在找認同的時候，那段時間滿亂的……早上和男生做愛，晚上做春夢想的卻是女人……」

與男人有過情感與身體上的親密關係，小陽終究仍選擇了「女同志」做為終身的認同。「大學時被某個拉子朋友拉到同光教會，當時有個抒發情緒的練習，就是大吼大叫喊出自己的欲望，我當場吼出了『我是同志！！』，感覺好像找到了自己……從那次到現在十多年都沒有再交過男友，以後應該也不可能了……」

對小陽來說，選擇這個認同，無關乎是否曾與男人有過情感關聯，更重要的是情感吸引力的強度，與涉入程度。不同於子儀，對小陽來說，性別在愛情裡大有不同。「我覺得雙性戀和同性戀是有差別的，雖然我以前交過男友，但程度上有不同……我可以輕而易舉把男人給甩了，不會受到任何傷害，女人就不一樣了，唉……」

「我以前男友滿慘的，常莫名其妙被我打罵……」小陽大笑，「我覺得還滿過癮的，我不覺得痛啊，我沒辦法融入男人的情感，我想我是同志吧！如果是一個女生，我沒辦法……」

從一對一問答，漸漸發展成了三人對話，很多時候更夾雜了子儀和小陽之間立即的溝通，讓我看到了一對不同經驗、不同認同過程的伴侶，她們之間的差異可以相互激盪出什麼樣的火花。

小陽像是杯純香的黑咖啡，好奇與不安著情人如同拿鐵般的混合質地。而拿鐵倒也戀上了黑咖啡的絕對。訪談結束，當我滿腦還繞著性傾向認同，與心理學的理論辯證打轉著，卻望見踏出大門的兩人手牽著手，晃呀晃地像兩個小朋友，開心地邊走邊討論回家要煮什麼菜當晚餐。幸福有這麼複雜嗎？我笑了。

⑩ 混種的混種：TG Bi跨性別雙性戀

——一〇一種雙性戀的樣子之六

他／她們的靈魂與身體非男亦非女，她／他們的愛欲對象是男也是女，跨性別與Bi，都是跨界而混沌的個體，究竟該如何名？異性戀、同性戀、雙性戀，或還是跨性戀？讓我的腦袋不由得轉了好幾轉……性別與性傾向的分類框框，倒真的在TG Bi（Transgender，跨性別）Bi的身上給徹底打破了。

TG Bi之1

灰熊的故事：叫我安卓珍妮（androgyny）

在某個同志人權培訓營隊的課程中，我對台下數十位聽眾，侃侃而談自己過去否認自己是雙性戀的原因之一：厭男情結——對於男性身體的恐懼，以及最後如何在某段關係中，不再抗拒男人，成全了自己的完整性。

演講結束，一位戴著眼鏡，穿著格子衫，身材壯碩，看來如同一般理工科系的男同學走向了我，「沒想到我會遇到和我一樣的人！我一直以為我是不正常的……」，男孩激動地說，「我也害怕女生的身體，當陌生女人的身體貼近我的時候，我會有被侵犯的感覺，會下意識地閃開，女人的胸部對我來說像是一種武器，我知道這不太尋常，一般男生一定會覺得『賺死了』，可是我會覺得自己被性騷擾了……」

我聽了略微訝異，心想他大概是Gay吧？！（抱歉這過於直接的推論）

「可是我也會喜歡女生，我不是Gay。聽了妳的故事，我更確定我是雙性戀了……」，男生接著說，「而且，更複雜的是，我想我是跨性別吧！」

Man or Woman？I am Both ！

對我來說，完美的身體就是…

一個什麼都有的身體，有女人的乳房和子宮，男人的陰莖。

要不然，就什麼都沒有，完全沒有任何性徵的身體

「我的身體和心理的認同是不一致的，我認為自己在心理上是男也是女，雖然我的肉體是男的，所以我說我是跨性別。我曾想，如果我有另外一個身體，能裝下我另

一半的靈魂那該有多好……」

「曾經有變性的念頭嗎？」我問。

幾個月後，我和「灰熊」約在台北的某家咖啡館見面。坐在對面的這個男生，氣質外貌和一般尋常異性戀男子沒兩樣，如果他不說，我想沒有任何相交不深的人會發現他的祕密。他著實顛覆了我對跨性別者的刻板印象。

「但是我要變成什麼呢？我認同男也認同女，不論變成男人或女人，另一半的我都會不滿意，所以我寧可維持原狀。」

「所以你希望你有兩種身體？或者，對你而言，完美的身體是什麼樣的呢？」

「完美就是……一個什麼都有的身體，有女人的乳房和子宮，男人的陰莖。要不然，就什麼都沒有，完全沒有任何性徵的身體。」灰熊完全不假思索的回答我。

「我覺得我有很女性化的部分，也有陽剛的一面。為什麼女生就等於陰柔、溫柔或是脆弱，男生一定就是剛強，或是一定要為女生扛責任之類的？脆弱的時候，想哭的時候，我就會想表現出來。我看《一公升眼淚》的時候，就哭哭哭，別人認為男生哭很奇怪，我不這麼認為……我會跟我好朋友傾訴我的脆弱，我不管這個社會給我什麼期待，爸媽給我什麼樣的期待，我就是想要表達我真正的情緒，儘管大家一直就覺得我很怪……」

灰熊從小就是個令老師家長頭疼的傢伙，那種上課拚命舉手，用「為什麼」轟炸老師的學生，特別是關於傳統性別上的特質和分類。而這種過於早熟的、挑戰社會價值中「理所當然」的舉動，讓他成為被關注的問題兒童。他的挑戰包括，反對男生應該搬重物、應該舉止紳士、應該理性，以及，和其他男性身體之間必須保持「適當」距離。

「我心裡一直覺得，男生的好朋友之間手牽手是可以的，男生好朋友擁抱、勾手是可以的。可是沒有人跟我有一樣的想法。他們覺得這樣就一定是Gay。我以為我是異類，後來很開心在（同志）圈內遇到一個（男性）好友，他也覺得男性朋友之間勾手是OK的……」

初啟的愛情

我發現，我抱她就像抱一個絨毛貓一樣……溫馨、溫暖，有小時候的味道，我好像回到小時候，被寵愛的感覺，或是一種幸福的感覺。

什麼是幸福？現在我可以說，那就是幸福。

然而青少年時期的灰熊，和大部分的人一樣，並沒有想到身體與認同的問題，唯一的煩惱，便是懵懂初啟的暗戀之苦。由於小時候曾遭受排擠，總覺得不被世界瞭解，所以從此以後，他愛上的，多半是能夠耐心傾聽他的人。

「當時沒有什麼認同，就是懵懵懂懂，國中時被同學排擠，我只有一個女生的朋友，我對她很依賴，她像一個大姐一樣，她比我高比我重，我是真的很喜歡這個人，對我來說，她像女神一般高高在上……」

灰熊大略描述了幾個國中到高中他追求過的女同學，全部都是外表女性化，但個性卻像是大姊大，非常man的女生。

「到了高中我還是先喜歡女生，但是也是追求失敗……那時就開始有一點喜歡男生的傾向。當時我喜歡我同班的一個女生，後來轉而欣賞她男友。但那時只有一點點，就是單純地好玩而已，有次開玩笑要親他，他一直閃（躲），所以沒親到，那時我就覺得，我敢親吻男生沒有問題，那時我開始想為什麼人家會覺得Gay很噁心呢？我對男生並不排斥。」

儘管追求從未成功，一直到上大學之後，灰熊仍認定自己喜歡的是女生。

「曾經有個女孩……我從沒遇過那麼欣賞我的人，她一眼便看到我的脆弱，但她也完全知道我的優點，很包容我，我們認識兩個禮拜以後，電話是可以一講六個小時的……」

生。

大學二年級，灰熊在語言中心認識了倩。一樣是英氣勃勃，照顧者大姊型的女

「她出國留學後，我才發現自己真的很喜歡她，但後來才知道她原來一直有男友。她不會在我面前提她男友，不過有次她說，我跟她男朋友很像，有的時候太像了，她分不清楚……」

「她要上一整天的課，卻沒時間買中飯，我幫她買了個便當，等她下課，我把便當擺在她面前，拆筷子，把她不吃的菜拿出來，再把筷子交給她，在旁邊等她吃完以後，我再把她不吃的全部吃掉……妳覺得我們像什麼？」灰熊問。

「這像情侶。」我說。

「對。我當時有種錯覺，我像她的男朋友一樣，但原來什麼都不是。那時候就是傻傻的，我覺得這樣做沒有問題，她希望我做一個紳士，我就做給她看，即使我不喜歡。我原以為自己有希望了，可是後來就沒了，讓我非常非常難過，難過到，我覺得無法再喜歡任何一個人了……」

我想起幾個月前在初次見面的時候，灰熊和我提過，他對一般女生身體的抗拒，以及至少維持一公尺的身體距離。「那面對你喜歡的女生，比如說倩，你對她身體的距離是？」我問。

「牽手、擁抱都可以。」他答。

「抱她讓我想起小時候的記憶。我小時候非常愛絨毛貓玩具，牠們被我抱到棉花都漏出來，妳知道我多愛它嗎？幾乎是被我抱爛掉以後才扔掉的……我發現，我抱她就像抱一個絨毛貓一樣……溫馨、溫暖，有小時候的味道，我好像回到小時候，被寵愛的感覺，或是一種幸福的感覺。什麼是幸福？現在我可以說，那就是幸福。」

抱著他的感覺超滿足的……感覺靠在他身上什麼事都沒有了好像有人幫你頂住天的感覺，我本身不太堅強，很喜歡有靠山，可以靠別人的感覺

然而，直到發現自己喜歡上阿澤，才真正開啟了灰熊的愛情雙向道。

大一住宿，灰熊和一個氣質很斯文陰柔的男生同寢，灰熊用「娘」來形容他的個性，但他同時也是籃球隊隊長，外型動作很man，形成強烈對比。遇見他之後，灰熊告訴自己，無論花多大的力氣，一定要和他成為死黨。為什麼？灰熊不願也不敢繼續想下去，但他就是順著自己的心，拚命地對他好。為了陪他，灰熊養成吃宵夜、熬夜打連線遊戲的習慣，故意修同一門課，製造相處機會，甚至為了他，放棄了轉學念

頭。幾乎用盡各種方式，只為了緊緊地拴住這段關係。

「我記得有一次他打籃球打得太累，我就幫他按摩背部讓他早點睡，那時他只有穿一條內褲……那是大一的時候，還沒發現自己原來是喜歡他，大三之後想起來，超後悔的，因為那時有機會可以觸摸他……」他笑說。

灰熊清楚記得，大一時翻開某本參考書的背面，有一則眼鏡廣告，上頭是斯文秀氣，皮膚白晰的俊美男星邱澤。頓時他心跳加快，清楚意識到自己非常受到他的吸引。

「我很傻眼，那時我拚命的壓抑這種感覺。我雖然喜歡和男生鬧著玩，但我仍舊覺得那是不對的，我還是去追女生……一直到了大三，才知道對阿澤那種特別的感覺就是喜歡。」

而當灰熊生病、出車禍，心情低落時，陪在他身邊的，也是阿澤。

「大四有次重感冒，他騎機車載我去買晚餐，我第一次光明正大地從後面抱他，當時很喜歡他，跟他說，我真的不行了，借我抱了一下……雖然其實並沒有那麼衰弱……」

「擁抱阿澤又是什麼樣的感覺呢？」我問。

「感覺超滿足的！感覺靠在他身上什麼事都沒有了，好象有人幫你頂住了天。我很喜歡那種感覺，我不是很堅強，所以很喜歡有靠山，可以依靠別人的感覺……」他說。

「像有時候我打不開瓶蓋，就讓阿澤幫我開，其實我用力的話，自己還是開得了，但我就是故意不要。然後他就講，你未來要找一個賢慧的老婆，不然你要怎麼辦？我就說，有你就好啦，因為你很賢慧……哈哈……」灰熊臉上露出喜孜孜的甜蜜。

兩人逐漸形成了一種微妙的互動關係，但阿澤並不是Gay。

「對阿澤的喜歡是一種寵愛，我不要求得到什麼，我只要求他待在我身邊，或我陪在他身邊。但後來他任何場合都會帶他女朋友來，我就很難忍受。我當初認識的阿澤到哪裡去了？他怎麼會變成一個女生的附屬品，他女朋友說什麼就是什麼，我非常生氣……」

「裡頭有嫉妒的成分嗎？」我笑了。

「當然有吃醋，我有跟另外一個朋友抱怨，說我有點嫉妒，他為什麼會這樣，所有人都說你要體諒他，他也沒辦法，我能怎麼辦？」他聳了聳肩。不過自始至終，他並沒有試著表白過，儘管周圍的人都嗅到了他對阿澤強烈的在乎。

「在阿澤之後，我才確定我不是Gay，也不是異性戀。那時好朋友都知道，我可能有一點同志（傾向），我對男生有點喜歡，但是不太明顯，而我還是很喜歡女生，我覺得可能有一點同性戀，但是大部分還是異性戀。當時我只有同性戀和異性戀的思維，完全沒有想過雙性戀。後來才漸漸接觸到資訊，看到了雙性戀的書籍，想找到自己的認同。後來想想，我算是同時喜歡阿澤和倩的。」

「同時？」我問。

「對，倩比較早，大二大三，一直到現在。阿澤是大三到大四，所以當時算是同時喜歡一個男生和一個女生……」

「所以，你喜歡的男生類型和女生類型看來挺不同的？」我問。

「我喜歡男性化的、堅強的女生，但不代表她不能脆弱。我喜歡比較陰柔的男性，但不代表他不能剛強。因為同時喜歡他們兩個，我就走到了這裡——認同自己是一個雙性戀。後來有跨性別的意識，我甚至最後還滿喜歡一個男扮女的CD（Cross-Dresser易裝癖）。」

女人的衣服　女性的身體

「他有點陰柔但不失man。個性裡有陰柔，也有man，一般日常穿著男性服飾，但是他也會穿女裝，我看過他扮裝的照片，太棒了。黑色長裙，戴頂帽子，化妝，很漂亮就是了，我沒辦法形容，治艷卻又不失可愛。」看灰熊描述他的神情，彷彿遇到了完美情人的典型。

「你自己會想穿女裝嗎？」我好奇。

「會是會，還是先減肥再說吧！要想辦法把自己的骨架變小，要不衣服都穿不下……」灰熊笑說。

「如果不考慮身材，你理想的穿著是？」

「蕾絲。長裙。內褲也想穿蕾絲的。我喜歡紫色和粉紅色，這是我心裡最深層的東西，我一直想試，但沒有機會……」

女人的衣服，彷若可以裝載他那一半，無處可去的，不被允許表露的靈魂特質。如同他擁有靈魂的兩面，渴望揉合陰陽兩種身體。身體自我表達的欲望被壓抑了，於是投射在服飾上成為迷戀。

渴望極度女性化的裝扮，像是含在口中說不出的話語。想要擁有女人的身體，但他對於女性她者的肉身，卻又有莫名的懼斥，其中的源由，他自己也說不清楚。我想起，幾個月前初次見面時，灰熊曾和我提過的那個經驗。

「我不喜歡女生碰我，除非我們很熟。」他說。

那是在擁擠的電車上，有個女生被擠得幾乎貼在他身上，胸部抵著他，「我很怕對方會叫我色狼……其實我覺得我很難受，我覺得我被侵犯，快要哭了……」

「我問了女生和男生的好朋友，他們都莫名其妙，覺得我應該很享受才對，但在我看來就是被侵犯，為什麼你們都不能瞭解？我很生氣，我也很不解，為什麼他們跟我想的就是不一樣呢？我覺得性騷擾也可以是女生對男生啊！」

「你覺得自己被攻擊嗎？」我問。

「對，加上那是密閉空間。如果電梯裡有五個女生，只有我一個男生，我會不舒服，我想反胃。但如果有兩個男生、五個女生，我就沒事，有男生在我才不會感到害怕。」

我聽得有點瞠目結舌。如此魁武的體型外貌，對於一般女性，理論上應該不足為懼才是。但顯然，他擁有某種異常纖弱敏感的內在特質，是即使我聆聽了他的故事，仍無法看透，無法理解，一不小心便被他的刻板男性外型給蒙蔽了。

「我會用女性化的堅強，掩飾我男性部分的脆弱……我的意思是，如果你們看到我堅強的一面，其實那是我母性的韌性，我男性的那一面是非常脆弱的……」這是灰熊自己的詮釋。

他提到，童年時曾和女同學有過幾次衝突，那些女生會用整個身體逼近，用手肘推打，用言語攻擊，他憤怒地推開她們，女生便高喊「性騷擾」。往後，在成長過程中，也發生了好幾次被女生誤解、拒絕，甚至言語攻擊的事情。

「從小到大，我的女性朋友十個手指頭就可以數完了，這是我很無奈的地方，我哪里做錯了？可是事實就是這樣。在我困難的時候誰在我身邊？是男生不是女生，當然除了倩以外。」而他的故事中，也充滿著試圖接近、告白，卻不斷被女人拒絕的經驗。

我意識到，的確，難怪那天演講結束他會走向我，我們的確有某部分的相似。在成長經驗中，一路念女校、在女人堆中長大，從小沒有異性朋友，即使大學之後，身邊有許多貼心善良的男性友人，所有相處經驗都很美好，甚至和男人談戀愛的經驗中也從未受過傷（傷害往往是來自於我最不設防的女人啊！），但只有我自己知道，我花了多少年，才摘掉了對於男性敵視的眼鏡，化解了對於他們身體的恐懼與不信任，瞭解到，男女之間的相同遠大於差異。

當然，對於男性暴力恐懼、強暴恐懼，在女性主義式的分析下，一切其來有自，尤其在大眾傳媒高度發達的現代社會中，關於「性」的訊息，裡頭有太多對於女人的恫嚇與警告，讓我們在享受自己的身體、享受性，享受與異性的親密時，心裡不知道為何，有時會突然閃現莫名的焦慮。

有這樣經驗的女人，當然不只我一個。有次在某場討論雙性戀認同的座談會上，有兩個雙性戀女人提到，對男性的不安全感，和她們發展出雙性情欲有某種微妙的關連。

「曾在某段異性戀關係中遭遇近似約會強暴的經驗……所以會覺得男人身體有侵略性，慢慢會覺得和女人之間的關係好好，好安全……」其中一個女人說。

「會喜歡女生，一部分是因為對男生的不安全感、不信任、暴力的恐懼……比如男人在身體上的絕對優勢。因為第一任男友曾有發生類似的事情……而第二任男友其實對我非常非常好，但有次他來我家，我去上廁所時，竟然下意識地上了三道鎖，直到男友調侃我說，上個廁所有必要上這麼多道鎖嗎？我才意識到我在幹嘛……」另一個女人接著說。

即使到現在，捷運裡如果有男人離我太近，我仍會下意識地快速閃開，並感到不適。而女人，卻仍習慣性地不在我的設防範圍裡。

但我也一直記得，高中時搭公車，擁擠的車子讓一個三十歲出頭的美麗女人整個貼著我，胸部不斷地碰撞我緊握欄杆的手。而我，非常非常的享受。我偷偷瞄著她好看挺拔的胸部，貪婪地嗅著她的香水味，感覺她低胸毛衣的觸感。那是我第一次這樣清楚地感受另一個女人的乳房。我大可以把手抽開，但當然我沒有。而我知道，因為我是女生，而且是小女生，所以，她絕不會洞悉我的心思，發現我的欲望因她而沸騰著。如果我是男人呢？我想我不會擁有這樣的好運，但這其中的差別在哪兒呢？

愛情的想望

「你理想的感情關係是什麼樣的？」我接著問。聽起來到目前為止，灰熊的感情經驗都是單戀，也不曾有過性關係。

「我不敢想。不想再幻想什麼美好的未來了，我怕自己會再度失望，因為倩已經讓我很絕望了。所以我一直忙，如果再胡思亂想，我就告訴自己要更忙，忙到自己累癱，不好意思，我現在比較悲觀……」

此刻，一位白晰斯文的年輕waiter走了過來，「不好意思，我先幫兩位結帳好嗎？」，天啊，這男人的聲音真有磁性。我注意到他有雙明亮的眼眸。

「這種型OK嗎？」待waiter一離去，我馬上向灰熊使眼色。

「拜託，這是極品耶！」他一副口水快要滴下來的表情。

「我也這麼覺得耶……你猜他是Gay還是異？最好是雙性戀啦，這樣我們都有機會……糟糕，我們會搶男朋友耶！」我們兩個相視大笑。大概只有兩個雙性戀者坐在一起，才會有這樣的對話吧。

悲觀嗎？我倒不這麼認為。畢竟天下好男好女這麼多，總是有哪一個可以讓你再度奮不顧身點燃心中的火，而他／她會懂得你的複雜，你的單純，你內在的男人女人，溫暖厚實地擁抱他們。

「等以後有好消息，記得告訴我。」臨別時，給了灰熊這麼一句話。他沒開口，眼裡閃過一絲猶豫。末了，他像是想通了什麼，笑了，點了點頭。

我知道，他是真正地，收下了我的這句話。

TG Bi之二

沙瑞兒的故事：She is a Boy

「妳說，我會很C嗎？會很不自然，很做作嗎？」幾次和沙瑞兒聊天時，他都會反覆問我這個問題。

「很C？我不覺得是C耶，是真正的女性化，我是說，你的內在根本是一個女孩子，而且是一個乖巧溫順的居家女孩喔……」我回答。

如果只看照片，你不會注意到戴眼鏡、總是穿著樸實襯衫、西裝褲，梳著極短中分頭的沙瑞兒有何特殊之處。唯有當他說起話來，從他的肢體動作、語調、用詞，你會終於知道，什麼叫做「裝在男人身體裡的女性靈魂」。

個頭不高，纖細、白晰，如果說沙瑞兒的外表有任何線索，那大約是他留著長長的指甲吧！

「這是為了彈古箏留的……」沙瑞兒翹起他的蓮花指。我聽了差點沒把嘴裡的奶茶噴出來，不是性別歧視，而是，身邊玩樂器的朋友很多，卻幾乎從來沒有聽過有人彈古箏的，但，坦白說，如果是沙瑞兒出現在那幅古典的畫面裡，卻絕對協調。

如果性別只能分兩邊
那我直覺覺得，自己是屬於另一邊的……

「什麼時候開始意識到自己是跨性別？」我問。

「其實從幼稚園起就感覺自己的性別和別人不同。太愛哭了，看國語日報都會哭，覺得好感人，我爸就說，這沒什麼好哭的好不好……男生好像不會這樣，但那時對於性別的分際還不是那麼清楚。」沙瑞兒說。

「一直到小學六年級畢業旅行，在飯店房間有人轉到鎖碼頻道……小朋友想要模仿吧！然後一個男生就把我推到床上去……要脫我衣服，我就突然想到『貞操』兩個字……一般男生發生這樣的事情會怎樣？」沙瑞兒停下來問我。

「應該是很憤怒，然後想把對方撲倒，揍他一頓吧！」我說。結果沙瑞兒的回答意外地令我噴飯。

「對啊，可是我第一個反應卻是想要咬舌自盡耶，這個動作就把那個男生嚇跑了……哈哈哈……可能是小時候連續劇看多了，有烈女情節吧！那算是開始意識到性別的一個點吧……」

小時候的沙瑞兒也做一般男生打扮，對於外表衣著沒有太多感覺。玩布娃娃也玩遙控飛機，從小手就巧，喜歡做手工藝，編出漂亮五彩的手環和中國結，很討女生的喜歡。

「你陰柔的特質在小時候有沒有為你帶來什麼麻煩？比方在同儕團體裡？」我發問。

「我記得小學班上有一個比我還外顯型的、很陰柔的男同學，會有蘭花指的那種，他有一次就被班上另一群男生架去廁所『再教育』……我們班有幾個上課會帶刀子的那種男生。然後，他就這樣消失了一整節課，老師問大家他去哪裡，全班沒人敢回答，當報馬仔下場是很可怕的。後來那個男生就轉學了……對我而言是一個警惕吧！我很小就知道，不可以太『外露』，要適時收斂……」從小功課好，連續當了四年班長，受老師重視的沙瑞兒，也多少可以免除被「特別關注」的下場。

沙瑞兒對性和性別的事情似乎很晚熟，一直到了國中時期對於最基本的男女之事都還很懵懂。

「一直到國中還沒有欲望會想和哪種性別的人在一起，只是當時很喜歡一個剛畢業的女國文老師。一直到高中，鼓起勇氣打電話到老師家，她說她結婚了，覺得好難過喔……國中時期也有暗戀班上女生，但自己的性別認同還是有點模糊。只是覺得男生愛女生才是正常，同性戀不應該存在……」沙瑞兒說。

性別探索在沙瑞兒十六歲時，才開始成為一個核心議題。

「看見鏡子中自己屬於男生的身體，會覺得……應該不是這樣……上半身OK，下半身不好看，我不喜歡。大學後上網蒐集國外資料和其他人的案例，才發現自己應該是跨性別吧……」

「所以你想擁有一個女人的身體？」我問。

「對啊，但是後來深入瞭解，才知道手術太危險了，而且要花很多錢，要付出很大的代價的……而且，染色體是改變不了的，其實現在也沒有特別厭惡身上某種器官，所以目前（男性）性器官不想動到，太可怕了，簡直像自殘，但是會想服用女性賀爾蒙讓自己有胸部……」

希望可以找到一個人，可以分享一切

可以依靠，什麼都可以和他講

其實只要感覺對，對方是男生還是女生的身體，我不會很care……

在沙瑞兒的感情世界裡，讓他心動的絕大多數是女生。他喜歡偏向陽剛的女人，但那種陽剛，不是男性化，不是鐵T。

「有兩種典型，一種是非常柔的長髮女生，像是張玉嬿年輕的時候，另一種是略帶陽剛的……像是『美麗佳人歐蘭朵』的女主角，蒂妲・絲雲頓（Tilda Swinton）就是我的理想型，妳有沒有看過『康斯坦汀：驅魔神探』？她在裡面演加百列大天使，oh my God……就是那樣！」沙瑞兒頓了頓，「現實生活中呢，像妳這樣就很ok啊！」Sariel用蓮花指輕輕指了指我。

「我ok喔？」有點受寵若驚，我想我不會用陽剛來形容自己，但已經有好幾位TG朋友在講陽剛女生時會以我做例子，「我還沒到T的程度吧！」說著說著不由得挑起眉毛。

「不要到T，太T會承受不住……哈！」沙瑞兒笑說。

沙瑞兒叨叨絮絮著生活瑣事，我的腦袋則止不住在一旁胡思亂想。如果硬是要對號入座，作為一個跨性別認同者，現在仍擁有男兒身的沙瑞兒，喜歡女生究竟算是異性戀、同性戀還是跨性戀呢？腦袋不由得轉了好幾轉。而之後服用賀爾蒙，同時擁有男女性徵，雌雄同體的沙瑞兒，情況大概又更為複雜了。這性別與性傾向的分類框框，倒真的在TG Bi的身上給徹底打破了。

「對於男生嘛，有過喜歡的念頭，會想像自己如果像個女生一樣對待一個男生，不知道會是怎麼樣？」

「什麼樣的男生讓你有這樣的念頭？」我問。

「不可以有太陽剛的臉孔，會覺得很可怕，不可以肌肉線條太明顯……有時對於男學長或長的不錯的路人會有欲望，會想衝動去抱一下，但不敢去做……但其實還沒有真正愛上過身邊的男人。坦白說，會想要嘗試看看和男人的性，是什麼感覺……」

「那麼看A片的時候呢？你欲望的對象是誰？你又認同誰的角色呢？」這是我發問題庫中的最愛之一。

「我認同我是那個女生的位置！」他很快地回答，「但看裸體只會覺得，女生的身體好漂亮，男生的則不必看了，那些東西我都有……但大部分會想，恩，這個女生（身材）不錯，以後變性要改成這樣……哈！但看影片會有衝動啦……但會直接忽視男主角的身體和臉，對我來說，男人只剩下性器，其實我比較想要看兩個女生的……比較美，」沙瑞兒沉吟了一陣，「恩……其實，我好像對於另一個人的身體，性欲並不會很強耶……現在的我，對自己的身體可能比別人的更感興趣吧！目前最重要要先把自己改造好，對方的性別和容貌並不是那麼重要。」

「但如果有伴侶，還是會有欲望的，方式上，我覺得兩人裸體擁抱纏綿就好了，是不是有真正的進入或被進入其實並不是那麼重要，也不會認定自己一定是主動還是被動的那一方……」沙瑞兒說。

如果要說性，沙瑞兒倒有一段不知算不算數的性經驗。

「之前有一個想變性成男生的女生，她說可以讓我試試看。但到了床上，我一碰到她就會發抖，她一直很緊張問我說『你還好吧？』我在想，我的身體應該不算男人吧！一般男人被異性碰觸，雖然不是他喜歡的，但身體應該會有自然反應，但我卻會害怕，稍微被親一下就一直發抖……一般男生應該不會這樣吧？！但我的賀爾蒙又是正常的……有些事物是人類無法解釋的吧！上帝還是存在的……」

我好奇，這樣的沙瑞兒追求的是一份什麼樣的感情？

「希望可以找到一個人，可以分享一切，可以依靠，什麼都可以和他講……」然而沙瑞兒的生命裡卻一直沒有出現過那個人。「連情書都不知該怎麼寫，以後還是靠相親好了……」，他開玩笑自嘲地說，語氣中，透著一種落寞。

「其實，我很害怕孤單的感覺……」沙瑞兒說。

「我喜歡過的人，這輩子也不超過五個，但大多數都講不出口。因為，妳說那是男女關係，但我的內在不是男人啊！所以，妳說我要用什麼立場向她們告白？當我和人家講我這樣的情況時，十個有十個都會跟我說，謝謝再聯絡！如果對方認同的是一般主流的性別，那他們不會希望交往一個所謂『不正常』的性別認同者的……」

「你有接觸其他的跨性別朋友嗎？會想要找TG作為妳的伴侶嗎？」我問。

「我有去過『蝶園』[1]。但如果跨性別，我就是跨，對跨沒有太大興趣……有時候我想，會比較想要交往女生，可能是因為希望自己擁有女人的身體，所以喜歡女人也是對自己的一種彌補吧！雖然我沒有，或是我的是『不完美』的，但至少我喜歡的人是完美的，算是一種互補吧！？但在拉子圈裡沒有人會認同我，所以不可能找到對象……」

沙瑞兒告訴我，幾年前他曾嘗試加入某女同志團體，但後來幾乎是被「逐出」的慘痛經驗。不論是以TG，或是male lesbian的身份，因為他的男性身體，便足以讓許多拉子質疑，他對於女性欲望的動機「純粹性」。即使，沙瑞兒真的比女人還要女人。

「我發現我和『純拉』或『很主流的拉』很難溝通，我所謂主流的拉，就是那種，『我欲望的就是女生，而且必須是女生的身體，只要你的身體沒變，你就是男人，就給我滾開』……她們通常不太可能接受我。」

「所以這是你來參加雙性戀團體（Bi the Way）的原因？」

---

[1] 台灣TG蝶園，台灣第一個跨性別民間組織，二〇〇〇年於中壢成立。

「對，所以我再也不上拉版了。後來去PTT的Bi 版，我發現Bi的包容性比較大，比較友善，而且比較多元，可以選擇的伴侶也比較多。去拉子圈只會被趕出來，去Gay圈，沒有太大興趣耶……所以，Bi圈比較像是一個交集吧！」

對於一個非黑即白，非同即異的世界來說，Bi的認同，倒給了沙瑞兒一個很「有用」的passing（隱藏蒙混）策略。

「朋友會問我說，『我知道這很難啟齒，但你告訴我沒關係，你是Gay對不對？』，我就回答說，『不對，我會喜歡女生！』哈哈，我很誠實啊！他們並沒有問我認同什麼性別，也沒問我是不是雙性戀啊！」

認同自己是什麼看來早已不是問題。對於沙瑞兒來說，除了找到伴之外，現在還剩下一個大煩惱。

「我還是需要找地方借衣服穿……我比我妹強壯多了，穿不下她的裙子，哈……我也偷偷買過女性外套，結果被家人丟掉了，說不男不女像什麼……」

所以，剩下的時間我們話題的焦點是：「你說，我該怎麼搭比較好看？髮型呢？」「我上妝ok嗎？」「什麼時候可以去妳家試穿衣服啊？」

恩，關於這些問題，在我遇見Winter之後，二話不說，當下決定一定要介紹她們好好認識認識。

TG Bi之三

Winter的故事：美麗水男人

我從來都沒有懷疑過她的性別。直到飯局席間友人問，「妳猜他是男生女生？」，我還會不過意來。真是可愛清純的長髮女子啊！我心想。幾乎要開口問她用那個牌子的粉底液了，皮膚真美。

待謎底揭曉，我好一會兒說不出話來。他倒是神清氣定，大約從小到大已經見怪不怪了吧！

「從小大家就把我當女生看。」Winter眨了眨那雙畫了眼線的眸子，「可我一點也不覺得啊！」一副很無辜的樣子，「可能是因為我留長髮吧……」而那長髮髮質之好，層次之美，簡直渾然天成。

「你有畫唇線嗎？你的唇型很明顯很立體耶……」我還是忍不住問了。

「沒有啊，我只有塗小蜜堤耶！」原來他的紅唇粉頰竟都是麗質天生。天，我要嫉妒了。

等他站起了身，一八〇的身高、略寬的肩膀，才稍微漏了餡。但從穿著上、甚至聲音裡，你還是無法確定，他歸屬於哪種性別。

Winter沒有使用過賀爾蒙，只能說，這美麗的男人是渾然天成的。

「原本覺得Gay的身份就夠用了，所以高中之後一直都在混Gay圈，雖然知道自己其實和他們有些不一樣……後來覺得自己不太屬於那個（Gay）族群，跨性別應該比較適合我。」

Winter交往過幾個男友，都是從網路上認識，小他很多歲的學生，大多數的關係都很短暫。以他的說法，這般的外型裝扮，反而讓他在Gay圈相當受限。

「我覺得台灣的Gay圈文化好制式喔，就是很注重外型，會看你的打扮、你的職業什麼的，而且一定要短髮、練健身之類的。加上我現在的外型比較像女生吧，他們就會覺得……唉呦，這個C妹！哈哈……」

「我碰到很多（Gay）不喜歡我這樣的。和網友第一次見面，常有一種被網友嫌棄的感覺，覺得我很娘，主要是頭髮吧！其實這個圈子裡很多人妖氣都很重，他們卻覺得自己很man，你知道金剛芭比吧？！哈哈，我覺得好好笑……」

但Winter其實可男可女。直到上了他的部落格，看到他相本裡，包括超短迷你裙、夜店裝、學生服、運動式男裝，各式各樣的裝扮，才發現，不同髮型的他簡直判若兩人。而這種易服習慣，讓他的性別就如衣服一般可脫可穿，除了美感喜好之外，也成了一種策略。

「你也知道社會怎麼評斷一個人的性別，就是靠外表，我把頭髮剪短，穿帥氣一點，人家就覺得，喔，你是男生，頭髮留長，穿中性一點，他們就覺得這個是女生吧！所以以後如果要面試的話，就先穿男裝，把聲音壓低啊……要買女裝時，穿現在這樣去，小姐都直接覺得我是女生啦，沒問題的……」

「但我一開始去現在工作的地方上班時，頭髮剛好半長不短，所以他們都以為我是T，哈哈……」

這是真的，有照片為證，他當時的確是一副運動寶寶T的模樣。

「我就和他們come out（出櫃）啊，我不在意告訴別人的，因為我覺得，我的性傾向沒有影響任何人，你不喜歡就不喜歡，你排斥是你家的事情，同事的反應也都ok啊！」

「怎麼開始界定你是雙性戀的呢？」其實，我好奇的是什麼樣的女人會讓Winter動心。

「我一直對T很有感覺，但……你知道，就算我喜歡她們，她們也不會喜歡我啊……以前就會不去管這個部分，因為你和別人講，也沒有多少人會相信。有一次和我一群同學，她們都是女同志，其中有個T好帥，就好喜歡，感覺好心動，就一直拉著她拍照……」Winter興奮地比手劃腳，聲音提高了八度。

「我都會去（BBS）女同志版看他們自我介紹啊，我會點進去看有沒有相片，如果看到喜歡的，我就會在下面推文說，恩，這個我喜歡！哈哈哈……」Winer說，「但沒去主動去認識人啦，我的（跨性別）身份去女同志版交友還滿怪的……但有在Bi版認識一個Bi，就短頭髮女生，還蠻可愛的，也不一定要像T那樣帥氣的啦，可愛型也ok！」

「像我今天啊，在MSN上傳了一張在女同志版上看到的照片，給我一個跨性別朋友看，我跟他說，這個我好喜歡喔，他說，『這個不錯啊，滿帥的，不過好像女生喔！』我說，對啊，她是T！」說著，我們都兩個笑翻了。

「其實啊，之前都沒有往這方面想過，但後來發現自己還是會……就是看到街上女生還是會多注意兩眼……」

「注意T嗎？」

「不一定，有時候看到可愛或漂亮的女生忍不住就會多看，以前比較少，現在才越來越頻繁……我念專科的時候其實有喜歡過一個女同學，她就是一個一般的女生，滿可愛的，個性還滿開朗的。會想要吻她，哈哈，我還記得她的嘴唇都會塗護唇膏，油油亮亮的，還滿想吻下去的……她好多人喜歡喔，但那時候會覺得說，應該不可能！」

「不可能？因為……你覺得自己是Gay嗎？」我大笑。

「對，對！哈哈……就是會被那個身份給絆住……」

我想起BBS雙性戀版上總是不斷有類似這樣的提問：「我一直自認為異性戀，但最近喜歡上了一個同性好友……我這樣算是雙性戀嗎？」每一次，在這般「我算是什麼」的詢問中，總嗅到了語氣底層潛藏的些許不安，彷彿一個不小心，生命就得重新定義。一旦被某種標籤給黏貼上了，腦袋似乎常跟不上心的頻率，而「算是什麼」的定義往往又太過眾說紛紜。

「如果是說sex，其實現在很難想像和T上床這件事……妳看Bi版上很多人都會問說，我這樣是雙性戀嗎？我看了就會覺得滿好笑的，你明明就喜歡他，這樣還不是嗎？有人就會想說，可是我對他沒有什麼性欲耶，我只是喜歡，想和他在一起而已，那我就會跟他說，喜歡就喜歡啦，你還管那麼多？也許我現在對她沒性欲，但和她交往接觸久了，也許就會有了啊，那都是以後的事情。」

這般的簡單率直。但對於感情樣式的不拘不羈，卻不是每個人都能想像。

「只要對方喜歡我，照顧我就好了，不用管性別是什麼，幹嘛要一直侷限在男生呢？我會和圈內的朋友提說，我好想和T交往看看喔，我覺得哪個T好帥喔，但他們都覺得我在開玩笑，因為他們根本覺得我不可能會喜歡上女生。」

如果，生理男性可以擁有天生美麗的女性容貌，而女性身體裡可以承載男性的靈魂，還有什麼，是不可能的呢？

加入「蝶園」之後，打開了Winter的視野。「一直以為，如果一個跨性別認同自己是女生，喜歡的對象應該是男生，但從來沒有想過，有跨性別者認同女人，喜歡的也是女人，結果成了跨性別拉子。原來跨性別好多元，覺得好棒喔！」

「現在想想，我大概也喜歡性別不明的東西吧？！其實T的男女界線也很模糊……」原來跨界的她／他，喜歡的，也是無法歸約的混種。「之前交往的（男性）對象都是我主動居多，滿想試試看被人照顧的感覺，如果和T在一起，應該不錯吧……」Winter水汪汪的眼睛轉啊轉的。

⑪ 我是Bi T——一〇一種雙性戀的樣子之七

如果說，在女女的情欲凝視之間，T相對於婆，是那個較有陽剛氣質的、主動的，被倚靠的，在床上床下都是提供服務的一方，那麼有沒有一種可能，當這個陽剛女人一轉身，眼光望向一名男子之際，瞬間開始產生了某種化學變化？她或許照見了自己有意識或無意識隱藏的另一個自己，或許不必然是陰柔或女性化，但很有可能，是與女人的欲望關係中極端不同的另一種質地。當T在愛欲一個男人的時候，她，會是一個怎樣的女人？而，一個也愛男人的T，她會以什麼樣的方式去愛一個女人呢？

誰說T不可能會是Bi？

我想認識認同為T的妳，當妳愛上一個女人的時候。

我更想認識不只是T的妳，當妳也會對男人有感覺的時候。

我是阿法，認同了十年的女同志，
現在選擇雙性戀作為我的標籤，因為想對自己誠實。
所以，妳在哪裡？我想認識妳。

二〇〇九年新年，我在KKcity徵友版上留下這些文字。

才沒過了三、四個小時，我接到了一通電話，三、四個MSN的留言，全都是朋友或朋友的朋友，輾轉看到我的po文，好奇地跑來打聽是怎麼一回事。這證明了兩件事，第一，拉子圈果然很小，六個人之內一定可以在這錯綜複雜的人際網中，找到那條牽連彼此關係線，妳在圈內幹了什麼好事壞事，不出幾天，絕對路人皆知。第二，我的徵友文章確實引人注目，有些微駭人聽聞的效果。

「真的有雙性戀T這回事嗎？不太可能吧……」拉子友人Y首先發出質疑。她認為T和愛男人這件事，理應是互斥的磁極，「T自己就已經在扮演男人了，怎麼還會愛上另一個男人？這機率太低了吧……而且通常會說自己是T的人，在欲望對象通常就已經是滿明確的了才對，否則她應該會說自己是『不分』啊！」

若按照她的邏輯，Bi和T這兩個名詞的確有點衝突弔詭，如果說，在女女的情欲凝視之間，T相對於婆，可能是那個較有陽剛氣質的、主動的，被倚靠的，在床上床下都是提供服務的一方，那麼有沒有一種可能，當這個陽剛女人一轉身，眼光望向一名男子之際，瞬間開始產生了某種化學變化？她或許照見了自己有意識或無意識隱藏的另一個自己，或許不必然是陰柔或女性化，但很有可能，是與女人的欲望關係中極端不同的另一種質地。當T在愛欲一個男人的時候，她，會是一個怎樣的女人？而，一個也愛男人的T，她會以什麼樣的方式去愛一個女人呢？

帶著這樣的好奇，我曾經和一些雙性戀女生討論過這個話題，大家似乎都覺得不無可能，但都不知道她們到底身藏何處？至少我所能觸及的人際圈中，以及圈內口耳相傳的人脈裡，從未有人認識真正的Bi T。「真正的」Bi T？不要抓我語病，我並不打算在此把任何雙性戀僵化歸類，當然，也不會冒險下一套封閉性定義。重點是，當事人得認同自己是T，也是Bi，至於何謂T何謂Bi，也是「妳說了算」的自由心證，沒有夠不夠格的問題。於是我想，那麼不如來做點小小的實驗吧！看看會收到什麼樣的回應？

接下的一週，出乎意料的，我的信箱湧進了數十封信。我決定從中挑選幾篇有趣的回文保持聯絡，當然，我希望可以見見她們的廬山真面目。

「這樣的組合是很奇妙的，我總以為沒有人可以理解這其中的奧妙。其實感情也不就像是水流般的，會朝各種可能的方向散去，不是嗎？

我是T，是個會愛上男人的T。

有機會的話，可以多和我談一些嗎？」（阿楚）

「哈囉，阿法

看到妳在版上的文章，我想我應該事你說的那種T吧，會對男生有感覺。以前的我在自我認同上有過痛苦掙扎，那時還不明白該怎麼解決心態是T，打扮是T，但卻又會在欣賞的男生面前有著女性本質的心態。

後來，我找到了一個最適合自己的代名詞-雙性戀:P，

我是楓，很開心認識妳。」（楓）

「……總之大多數的時間我愛女人也扮演著T的角色，
但看到男性生殖器也會有生理反應，
之前曾交過男朋友……」（Mars）

「hi 我想很多人回你信吧……你的標題很特別 雙性戀的T
我想回信的人多，但真的雙性戀的T很少吧
因為 大部分T自己就在做男生，所以很難喜歡男生
我想我應該算是標準的Bi（T）吧
我喜歡很girly的女生，跟女生在一起時，總是會想多照顧對方.多保護對方一點
但是我郤喜歡很man的男人，喜歡對女生多體貼一點的男生
很奇怪的是，跟P在一起時，在床上時，我並不會想讓P碰
但是我覺得跟男生，就沒這個問題了，所以性幻想的對像是男生 比較多
基本上我年紀也老大不小，三十了
大部分的時候會希望還是能找到一個合適的男生嫁了算了……」（緯欣）

「……我知道對有些人來說，實在是平常不過的事情
可是對我來說卻是件不是容易的事情，關於自己也對男孩子有欲望這部分……
並不是不能接受愛情的性別突然不是女生，而是生理的欲望
我依然對美女存有著欲望，但如今不同的是，對男孩子也會有
很長的一段時間，我的自我認同都是踢
自己也認為不可能對男孩子會有欲望……

曾經和幾位女孩子談過感情，當然我也知道是真的欲望，
但，我喜歡上一個男孩子。是有欲望的喜歡，所以，我也開發了自己吧。
終於，我承認我是Bi（要一個曾經是踢的人承認這件事還頗困難）
在這之前，因為打扮都太butch，甚至很少和男孩子相處，
反而不知道要怎麼辦，
所以，目前唯一想做的事情就是留長髮，
然後學習當個女人，希望能勾引到那個喜歡的男孩子。XDDD

其實我個人不太在意認同，也不太在意標籤，就像當初我一交女友

我就認為，如果我不是雙那就是拉，所以就出櫃了。

現在一樣秉持著簡單道理的我來看，既然我對異性有性幻想，

不管是不是基於好奇，我不排斥也想和男人發生戀情，

那麼，我就是Bi

（一開始我當然也不相信，不過現在當我看著男人的體格

嗯……是Bi應該會懂的……XD）

至於會不會向周圍的朋友出櫃？

我會一開始就告訴新認識的朋友：我是Bi。

至於舊有的朋友，交情深的會找時間閒聊提到：我發現我也喜歡男生。

交情不深沒在聯絡的，就不用敲鑼打鼓的說了。

她們一定會說，妳是被前任傷太深？

這樣的鳥問題就好像，從前被人問到：妳是被男人傷太深，

所以和女人在一起？

從『踢』要承認自己是Bi的困難處只在於：確認對男人的欲望是不是真的？

這中間的確認過程，我想只有自己最清楚那是什麼了⋯

回過頭看看那個喜歡女生的自己

在某些時候

似乎離我越來越遠⋯⋯

現在要說的居然不是『曾經』和男孩子在一起過

而是『曾經』和女孩子在一起過⋯⋯

內心還是五味紛雜啊！」（小涼）

這些回文令我非常驚訝，最後這篇小涼在Bi版po的自剖文章更讓我眼睛一亮。兩個月之中，我陸續認識了緯欣、阿Ken，而為了見小涼，二話不說，我衝去了炎熱的南台灣。

小涼的故事：「我是T，但T也有各種可能性，T也可能結婚的啊！」

她和友人在對面街口等我停好車。她們就和尋常的T一般，削著超短帥氣的頭髮，用髮膠抓出崢嶸角度。小涼穿著黑色T恤，帶著陽剛味濃厚的粗鍊，墜子是一枚鐵環。

不知為何，心中微微鬆了一口氣，我驚訝於自己下意識的自動化反應：「對，這是個T沒錯！」只因為她完全符合我心目中T的「典型」，於是讓我更加期待，稍後她即將全盤托出的，關於一個Bi T的故事。

我笑了。笑自己和大多數讀者和觀眾一樣，喜歡這種對比性強烈的戲劇效果。

沒有意外，小涼的「T的養成過程」也和許多T一樣，啟蒙於校園時期對某個可愛女生的未解情愫。從以為自己只是個不愛裙裝，為了躲避教官會在運動褲外頭套上學生裙，一進校門馬上邊走邊脫的男人婆，到發現自己對女生原來有著無可抗拒的欲望。而那個年代，一切往往是從一起打籃球的某個帥氣學姊手中遞來的《女朋友》或《熱愛雜誌》開始的。於是，她知道在男生愛女生的世界之外，還有其他的可能性，於是，她開始放任自己追逐某個女生的身影，然後，就這樣一路交了五個女友。

小涼也不是沒有思考過喜歡男生的可能性，那是在初戀慘烈分手後，她試著想要換個女性化造型，交個男友，卻完全失敗，「有點像是自暴自棄，後來很快發現自己根本很難改變，也就放棄這個念頭了……」

那麼是什麼讓她寫出了版上的那篇文章呢？我注意到發表的日期，距離現在已經有一段時間了。

當時的小涼正陷入某種認同危機中。

「以前我沒有辦法接受跟男生靠太近，但有一天我突然發現，男人的身體滿性感的，而且我開始可以接受他們親密的舉動，我也不知道怎麼會這樣？」

所謂的「有一天」，其實也沒那麼瞬間，在小涼的身上，這種子醞釀了近乎十年。相識十多年、臭味相投、無話不談的哥兒們，突然迸出火花？這幾乎像是好萊塢肥皂喜劇的戲碼了。

「我有一個男生的死黨，認識非常非常久了，然後兩年前開始……有時候我會……就是會想靠在他身上，或者就是可能……那怎麼講，哈哈，好害羞……」小涼臉紅的樣子還滿可愛的，我鼓勵她說下去。

「直接講就是呢，我會希望他碰我……擁抱啊，親吻啊之類的，可能是因為喜歡上他了……我對他的身體有了感覺……但我一直不敢告訴他這件事。」

對小涼來說，喜歡上男生，特別是死黨老友，真的是一場始料未及的意外。對男人這種絕緣體，小涼一向是不設防的，就有點像是好姊妹、手帕交也沒什麼好避嫌的，但感覺來時，似乎沒什麼理由，也或者，一直以來，她刻意去忽略或拒絕辨識對他的依賴與情感，直到和自己身體的欲望打了照面。

那場景是，某天，小涼去那個男生家吃東西看DVD，她突然有種衝動很想整個人躺在他身上，她被自己的這個念頭徹底嚇到了，「那感覺就是，挖靠，怎麼會這樣？」小涼的表情很誇張。「然後就是會想要把他的褲子脫下來……哈哈哈……其實我一直很想看看男生的那個到底長什麼樣子？哈哈哈……」我發現小涼越害羞的時候，就笑得越大聲，儘管她的用詞還是很man。

「妳會想要進一步嗎？」我問。

「會啊，只是實在不知道該怎麼辦？我自己的想法是，他看到我副樣子就不舉了吧？就沒有辦法那個了……」

初識時那男孩已經知道小涼喜歡的是女生，小涼也和他女友混得很熟，所以他們的關係一直就是哥兒們，他也幾乎把小涼視為同性了，而他們最親密的接觸僅止於拍彼此的臂膀。

「所以，通常發現有這個念頭的時候，我就會突然對他兇說，『ㄟ，你坐過去一點啦！』，不讓他靠我太近，然後態度就變得更像男生那樣……」

「刻意掩飾嗎？」

「對啊，大概只有自己發現吧！」小涼笑得更大聲了。

光是因為身體的悸動，我實在有點不滿足。那究竟，這個在聽小涼之前的戀愛經驗，讓小涼心動的女生，有強悍霸氣的，有清純婉約的，全都是截然不同人格特質，那究竟，這個在她口中是個戀家、貼心、生活單純的大男生，是怎麼在不經意中悄悄觸動了她呢？

「因為在他面前，我可以對他撒嬌，這是我比較不會對女友做的……但是我對他撒嬌的方式可能跟一些女生不太一樣，就是會突然變小孩，就耍賴，耍任性……他比較瞭解我，就會過來秀秀這樣……比方，我很懶，不想動，我就會使喚他，說你幫我做這個做那個，他就會乖乖的幫我弄……」

我想那是一種被寵愛的感覺，儘管是很幽微的，你可以在一個人面前徹底敞開，成為孩子，同時仍然完全被接納。

「比方說，有天我們去大賣場買木工用的料，賣場不是都會賣麵包點心，很香啊，我就會和他ㄙㄞ ㄋㄞ說，有蛋撻和泡芙耶，我最愛吃了，然後他會說，不要啦，因為你已經花太多的錢，不要再亂買東西了，我就會ㄌㄨ說，『不要啦，可是那個蛋撻真的很好吃耶，而且正在特價』，他猶豫了一下就把推車轉到蛋撻前面，我就在旁邊笑說，『唉呀，男人真是好騙！』他就很生氣，又把推車轉回來，哈哈哈，就是滿好笑的……」，聽得出語氣神情裡，帶那麼一點甜絲絲的。

愛情有什麼魔力？就是讓一個原本抗拒裙子的T試著去改變自己。

「那時候有一陣子就想說，要不要徹底改變一下穿著打扮呢？我試過化妝，就是借我妹的化妝品，修眉、上粉底、口紅之類的，但是看起來很像可以收票的人妖喔，哈哈哈……後來覺得好痛苦喔，這有點違反自己的天性，連我自己看了都不喜歡，所以就放棄了，除非哪一天我真的喜歡上了穿裙子、化妝，或遇到一個讓我有動力改變的男生再說吧！」

但這樣的情感，讓她困擾的並非是對方的性別，而是相交十年的情感，如果跨出去了，很可能就破壞了原本的美好默契。她寧可留駐在原地。

「我現在對他就是恢復好兄弟的感覺這樣。他有時候很奇怪，他常常失眠，所以會三更半夜打電話來給我說他在網咖，我問他在幹嗎？他就會說，『我在想妳啊！』我就罵他說，你很噁心耶！但就是朋友那種感覺……」

之後，小涼開始覺得，男人的身體也挺性感的，「尤其是有腿毛的男人……」

「但對於sex，跟他我ok，但是其他男人的話，我要考慮一下，哈哈哈……我覺得，我是因為喜歡上了他，才開始對他的身體有感覺，想要接近他。不像我對女生的欲望是很自然的，也很容易發生的，對男生的感覺則是很慢很慢。反過來說，那就像是，我的交過的女友們，她們在和我在一起之前，也沒辦法想像和女生做愛，但後來都是因為喜歡我，然後才接受我女生的身體……」

經歷了高中的認同掙扎期，如今她又開始了另一個階段的認同摸索。雙性戀，對她來說是一個嶄新的認同標籤。只是為了避免麻煩誤解，省下徒勞解釋的唇舌，她目前通常是策略性地回答這個問題，

「如果是填一份隱密的問卷，關於性向我會填自己是雙性戀，但一般對外，我會說自己是T，我沒有說自己是純拉啊，我說，我是T，而T也有各種可能性，有的T也結婚的！哈哈哈！」

很聰明地模糊了認同的遊戲空間，好像Bi們總是被訓練有素地，創造出各式各樣的說法來pass，既不承認，也沒否認，就悠游地在衣櫃裡來去自如。

究竟會走向何方，或許對此刻的小涼沒那麼重要，「唉呀，說了那麼多，其實我剛剛整個下午都很焦慮，現在那個女生應該已經看到我昨天留在櫃子裡的告白信了，不知道她會怎樣？」此刻的她，又暗戀上了另一個可愛的天蠍座女生，正惶惶不安地在等待她的回應呢！

阿Ken的故事：「不論愛上誰，不論怎麼穿，牽到北京我還是一個T！」

T的定義究竟是什麼？最基本的問題，反而最為複雜，十個T可能有九種回答。「就是會主動追求女生的女生吧？」，小涼說，「然後總是一肩扛下所有責任！」被期待扛責任似乎是個不切實際的理想，而T總是主動追求者？我想很多不分和婆會馬上起身抗議。

「就是在床上通常會撲倒對方的那個！」友人琨說。但我也聽說過有的婆對於扮演主動角色更為性致勃勃。

「就是有事女友服其勞的那一方囉！舉凡接送、付帳、提重物無一不包……」友人賴說。依照這定義，T肯定是世界上比男人還苦命的生物了。

「T喔，通常她們喜歡的對象會是比較女生的女生啦！對我來說，我說我是T是因為我絕對不會愛上T！」緯欣是以欲望對象T VS. P來相互定義。有常例當然就有例外，難怪許多TT戀都莫名其妙的被地下化了。

「就是會把自己打扮得很帥氣啊，像個小男生那樣……反過來說，就是你在她身上幾乎找不到典型女生的東西，比方說蕾絲、高跟鞋之類的，不然就娘掉了！」梅子妹純粹以T的造型美學下定義。但你知道，就是有很多娘T、美T、長髮T，還有外婆內T，當起T來，不比鐵T遜色啊！

「喔，我就是T啊！沒有為什麼，就像我是台灣人不是中國人一樣，沒有什麼為什麼！」這般地理直氣壯，認識了阿Ken，馬上推翻了我心目中關於T的典型定義。

第二次見面時，我發現阿Ken有雙柔中帶剛，漂亮慧黠的眼睛。一坐下來，她就注意到我剛植的的睫毛，如數家珍地和我分享假睫毛的種類和黏貼的方法。現在的阿Ken留著及肩長髮，全然是女性化的裝扮了。

應我要求，她把從高中到現在每個時期的證件、照片全都帶來了。我的老天，若不說明，你根本無法聯想這些照片竟是同一個人！最T的哪張，線條剛硬的短髮，搭上有稜有角的方形臉，英姿颯爽，簡直雌雄莫辨。大學畢業照卻又是著了胭脂，長髮修飾了剛硬的臉型，眼妝柔化了眼神的殺氣，儼然是個校園美女。出社會後的那張距離現在最近，卻又恢復中性帥氣，唯有頸上帶著有些女性化的心型墜子，透露了不分的氣息。

不過一年，現在眼前的她，又是另一番風情。

阿Ken的情史聽來頗為豐富，男女情人間隔交錯，但仍以女友居多。和小涼一樣，為了某學妹情竇初開，高中時又有一大票打籃球的拉子球友相互支持，便很自然地自動歸類成了T一族。一直到了大學，對當時的第一任男友有了感覺，才開始有了認同衝突。

「就像你從來不吃的某種菜，有天忽然發現，其實你是會想去吃的，而且吃起來還滿不錯的一樣。一開始發現自己喜歡男生感覺很奇怪，就像我覺得雙性戀很奇怪一樣，我從來沒想過這件事。那時候我花了一些時間去確認，我真的喜歡這個人，後來就覺得，我喜歡他，不會因為他的性別不符合我的要求，我就不去喜歡。」

阿Ken說的一派輕鬆，如同當初發現自己喜歡女生一樣，沒有花費太多心思掙扎，也沒有找旁人商量，一切就這麼水到渠成，自然而然。但她也知道，這樣的例子在圈內並不多見，所以她盡可能低調再低調，大學交往男友的時候，一開始身邊幾乎沒有任何同學、朋友知道，直到兩、三年前，她終於決定在自己BBS上的個人版上「出櫃」，果然嚇死一票高中的拉子死黨們。

「那時決定要講，但覺得一個個去講很麻煩，當天剛貼在版上不到一個小時之內，我接到三通電話，每個人都跑來問我怎麼回事？哈哈哈……然後有天和她們出去，就被兩個學姐『架』到一旁拷問，她們兩個滿排斥男生的，算是有敵意吧！所以很驚訝我怎麼會這樣？後來也就見怪不怪了，大家也就很少提到這個，就像你平常沒事不會去提你支持什麼藍綠黨派一樣……頂多，她們會說我『男女通吃』啦……」

「其實，她們特別好奇的是，和男生的『那個』（sex）到底有什麼差？哈哈哈……」阿Ken停頓了一下接著說，有點不好意思。

「那，究竟有什麼不同呢？妳喜歡哪一種？」順著她的話，我問。

「呵呵，這問題就像妳問我喜歡巧克力還是冰淇淋一樣，兩個都喜歡，而且，這兩個東西是無法拿來比較的，」阿Ken說，「其實我對男生的身體沒什麼欲望，不會想主動去做些什麼，講白一點就是，我不會想上他啦，我覺得主動是男生的責任，但一樣可以玩得很開心啊。我沒有遇過我覺得漂亮的男生的身體，普遍來講，我還是覺得女生的身體比較漂亮。對女生的話，我會很想撲上去……」

和女人在一起的時候，阿Ken就像大部分耐摔耐打的T一樣，管付帳、管接送不時還會花心思做些小禮物討女友歡心，和男人呢，那可不，這些向來都是男友會為她做的。但千萬別以為在異性戀關係裡她就是小女人模樣，T性的豪邁轉搖身一變，成為女王的氣勢。

「我喜歡情人對我撒嬌……我特別喜歡把男友馴化成小寵物這樣，比方說之前交往兩年多的那個男友，我都會和他說，『乖啦，你乖啦，乖乖，不哭，我保護你……』他撒嬌我就會很爽。之前還喜歡跟他玩一個遊戲，他假裝躲在床角，抓著棉被，我就餓虎撲羊那樣撲上去，哈哈哈……當我想要接吻的時候，會直接就把他抓過來親，他如果掙扎的話，我就把他頭硬轉過來，就很暴力這樣…偶爾也會耍點小任性，比如說，去放水！去拿毛巾！我要喝水！什麼的。我比較會支使男人啦，對女生則比較是寵愛或溺愛……」

服飾則是她的另一種自我表達的語言。對她來說，衣服有如面具，脫脫穿穿，不過是種好玩的遊戲。所以，喜歡帥帥的自己，便打扮得T樣，拜天生的寬臂膀所賜，只要一般襯衫搭上牛仔褲，便突顯出陽剛的線條，按她的說法，從背面看起來簡直就是個男人。膩了，那就換換口味吧！脫掉束胸，化上彩妝，穿上細肩帶迷你裙，展露纖細腰枝。突然想起《木蘭辭》的「兩兔傍地走，安能辨我是雄雌？」

「不過交女友的時候我比較不會穿得太女生，看衣服啦，不是太合身的，我就穿運動內衣，襯衫就會加束胸，交男友的時候，我比較會戴胸罩……現在的這個男友不喜歡我太男性化，他覺得我的行為舉止，那種T的氣是改不了的，但他會希望我至少和他在一起時，外表看起來像個女生，其他時間無所謂……」

這百變女王真是讓我嘆為觀止了。然而尾聲的這個話題，又再度讓我跌破眼鏡。

「如果Bi T可以喜歡上男生，那為什麼她們不會愛上T呢？」

「我什麼時候說過，我沒有交往過T？」阿Ken笑笑說。

「我高中交過一個T，那時候我也很T。有一次很好笑，我們在公園一個開放空間坐著，我靠在她身上，後面有兩個溜冰的小孩子過去，其中一個就說：你看，一對

Gay耶！另一個馬上就堵住他的嘴說，閉嘴啦！我們兩個聽到都笑翻了……」

看來，阿Ken大約只剩Gay沒交往過了吧！？TT戀，又是個有趣的話題。我向來好奇，T和T的戀情互動模式是什麼？主被動、強弱勢似乎是關在房門裡才知道，還有定義權爭奪的問題，究竟誰才是這段關係裡「真正的T」這種無聊的問題，在阿Ken的經驗裡從來都是椿未了公案。

「真的是未了公案啊，她就會說她才是T，我其實沒那麼T之類的，我就覺得，她自我認同是T無所謂，但是不要一直說我是婆就好，我就不覺得自己是嘛！」

「其實，說到底，是一個人本身吸引我，不是因為她是T，婆，或是他是男生所以吸引我，」阿Ken說，「但無論我和誰在一起，我還是T啊！總之不會是婆就對了！」愛上什麼樣的性別，穿戴什麼樣的造型，都可以無所謂，唯獨對於「T」這件事，阿Ken就是這麼堅持。

瑋欣的故事：「雖然一直交女友，但我其實很想嫁」

說到TT戀，她挑了挑眉，一副「絕無可能」的不以為然。

「很少T可以比我更man耶！」要吸引到緯欣，女人要美，男人要man。

「我當T的時候，會盡可能去扮演好T的角色，」T的角色？什麼是她認為T應該善盡職責的呢？我問。

「比方我覺得男生應該要怎麼樣，我通常就會那樣去扮演，」緯欣說，「男人的話，要有一種男人味，一種魄力，一種男人應該有的氣度，外表是其次，但你要像個男人！我自己都算很man了，如果你比我還不像個男人，我會覺得……那是怎樣？還要我保護你嗎？還要我養你嗎？」

果然有T的殺氣。

「就像，在床上我不喜歡女生碰我，因為我覺得我應該照顧對方的需求，妳不需要做這些事情，太辛苦了……不過男生主動我OK，因為沒有什麼辛不辛苦的問題……」緯欣說。

「你真的有訪問到其他的Bi T嗎？」她一副不可置信。其實，幾乎每個Bi T都問了我相同的問題，彷彿自己是世界上唯一愛上男人的T，「要不是我自己是，別的T

如果說她是Bi，我都會以為她是騙子呢！哈哈……因為T自己就已經在扮演男人的角色了，很難再愛上男人了吧！？」

扮演男人的角色？說這樣的觀念複製男女刻板印象也好、恪守傳統性別角色也罷，背後若不是帶著批判意味，就是對同為女人的T感到萬分同情。堅持T標籤的人，在愛情裡頭似乎常依循著某些不成文的行為綱領，對自己總有某些標準與期待，「夠不夠T」的T氣概，某些時候竟和生理男人的「夠不夠man」的男子氣概有著微妙的相似，否則就「娘」／「C」掉了。喔，不，我並不是在挑戰butler，無意指T只是單純地在模仿異性戀男人，事實上，根本沒有正牌冒牌的問題。圈內、圈外，異性戀世界和同性戀圈子，整個世界運作在相同的邏輯裡頭，所有的人都在模仿，都在無意識地試著或學著「成為」男人女人，T婆，哥弟……等等等。文化集體創造出了分類架構，催著大家乖乖對號入座，我們試著模仿與扮演的，不過是那個標籤本身的形象。然而，有了典型，就永遠有失誤、偏差與例外。所以，才有了純不純，真或假、夠不夠格的問題。

「所以我某個純婆的女友總覺得我不是拉子，因為她一直覺得我想要男人。就某種程度上來說也沒錯，因為我想結婚。」

要精確地描述緯欣的氣質外貌有點困難，對，因為她不夠「典型」，她總是介於中間，不像小涼一眼就可以被辨識，也不如此刻的阿Ken很容易被pass，緯欣比較像是，沒有慧眼的異性戀「麻瓜」絕不會發現，有Gaydar 的同志卻很容易掃到這種拉的頻率，更細緻一點的，則會辨別出那是一種T的氣味。從學生時代到現在工作這麼多年，她的外型倒沒什麼改變過，總是T恤牛仔褲搭件女性剪裁的襯衫，半長不短的頭髮，一派瀟灑。

高中之前緯欣似乎不知情為何物，念女生班也從未開啟情竇，第一次心動的對象則是大學遊學時認識的日本男生。那種友達以上的關係，兩人卻未曾表明心志，也許是距離的原因，他們沒有選擇進一步發展，但回國後緯欣仍掛心許久，專程去日本看了他兩次。若有似無的情愫，緯欣至今念念不忘。

「我常在想，如果當時有和他交往，或許之後交男友就會比較容易了吧？因為我對男生戒心一直很大，」她高中念的是一所簡直可以用「性別戒嚴」來形容的學校，學校不僅明令禁止男女生交往，教官還一天到晚在街頭閒逛，看看有沒有正在外頭約會的現行犯，一逮到立刻帶回處分。「如果妳在學校跟男生講話，被看到大家會覺得妳想要交男朋友，妳對他有意思，所以我在那時候似乎被奠定了一種性格，讓我和男生的互動非常非常的小心避諱，後來就養成了戒心……」

弔詭地，和同性的交往卻順理成章多了。大學時她愛上了朝夕相處的手帕交，從此開始知道原來可以喜歡女生這件事，一腳跨進了壞女兒站，就這樣一直交女友到現在。

「但是啊，我的某任女友總覺得，我不是『真的』拉子。她知道我喜歡日本男生的那件事，而且她也知道我很想結婚，所以她一直認為我是因為寂寞，想找人陪，卻找不到男生，或不敢去找男生，所以才和女生在一起。」緯欣說，「我原本自己也有點懷疑，但後來發現，不是的，是因為和女生在一起我比較放得開，也比較容易放感情，但要喜歡一個男生就沒這麼容易了，通常要花很久的時間去相處⋯不過，很有趣喔，我那個認同是『純婆』的女友啊，她都說她絕不可能喜歡男人的，但和我分手後卻一直交的都是男友⋯⋯哈哈！所以沒有什麼不可能的事情⋯⋯」

這番被另一半質疑「非純種」的內容頗耳熟能詳，只不過，被另一半質疑的T並不多。這有趣！我竊笑。

「每次我和女友說我想結婚，她們就會搖搖頭說，唉，沒指望了，沒指望了⋯⋯哈哈哈⋯⋯」緯欣說。

「想結婚啊？因為家庭壓力嗎？」我問。

「家裡其實沒什麼壓力，他們看我這麼男孩子氣，早就放棄了⋯⋯是我自己想結啊！」緯欣一副理所當然，「哈哈，這年頭異性戀也沒有像我這麼想結婚的，我也三十幾歲了，我不想每個人看到我都要問我一遍，有沒有男友？結婚了沒？講得我好像老處女一樣，我很討厭那種感覺，趕快解決一下吧！」

聽她不斷在談話中重複「結婚」兩字，一直以為是掛在嘴上念念的玩笑話，結果沒想到她比誰都認真。遇到這麼想嫁的T，我想我沒掩飾住滿臉詫異，不過她一點也不以為意。

「大家都知道，結婚是我的夢想啊！我知道一般的T都不太會想要結婚，但我不一樣啊，我恨不得誰趕快把我娶回家！我是一個走在規矩裡面的人，我不喜歡特立獨行，不喜歡表現得跟別人不一樣，我希望我能夠看起來很平凡，所以我願意做一些讓我自己平凡一點的事，所以……如果這是人生的必經之路，那我就趕快走，走完了就沒事了……」

「走在規矩裡」的緯欣，一直過著櫃子裡的拉子生活。除了網路上交來的女友之外，她幾乎沒有同志朋友，也從來不在圈內行走，圈外的朋友更沒有任何人知道她的另一面生活。

「其實對我來說，不論是男人還是女人，只要我夠喜歡他，不會有什麼不足的地方是需要從另一個性別來彌補的……除非我不夠愛他，」緯欣說，「所以啦，以我現在的狀況，最好出現的對象是個男的，因為我終究是要結婚的……」

不過緯欣硬是錯過了一個「嫁為人婦」的機會。那是幾年前在國外留學時，和班上的台灣男同學，兩人好到幾乎天天膩在一起，緯欣每天下廚做菜給對方吃，為了變出不同菜色，還特地打越洋電話回家向老媽求救，隔空傳授家傳祕方。

「所以妳問，交男友的時候我會不會散發出女人味？我不知道，穿著打扮倒是不會變啦，但當我喜歡上一個男人，妳就會看到我從早到晚做菜給他吃，哈哈哈……所以，我想多少是有的吧！」

「直到有天他用我的電腦，發現我信箱裡以前的情書……他發現原來我以前交的都是女友，他就覺得他沒有辦法繼續……媽的，有沒有搞錯啊？」緯欣重重地摔下了咖啡杯。「我其實很不容易遇到喜歡的男生，這個男生我就覺得跟他很合，搞不好他就是我的真命天子，結果竟然發生這樣的事情……我覺得這是一個很大的玩笑！如果上天不要給我一個男人就算了，但給了我，又這樣攪和一下，是什麼意思嘛？」

緯欣很認真的談她的結婚夢，我倒很認真地為她擔心了起來，「那妳會放得下妳現在的感情嗎？」

緯欣現在有個多年相知相惜，親密曖昧的「好友」，但她比緯欣還傳統保守，從不認為自己是拉子。她們曾同居，過過一段如同尋常幸福夫妻的生活，如今分隔異地，仍每天掛在skype上，為了和對方通話，她們寧可下班就衝回家，假日也不出門。她不願承認兩人的關係，緯欣也拿她沒輒，「她對我都好到這種程度了，就算一般女友也做不到啊！所以也不逼她了，就這樣吧！能維持多久就多久了……」緯欣對她有很深的在意與牽掛，然而，認為嫁作人婦方為正途的兩人，真的能放下對方走入婚姻嗎？

「沒有走到那一步，不知道情況會是怎樣……但是我就說，對我而言這種道德上的束縛是很大的，我從來就不是那種，想要做什麼就做什麼的人，不是我喜歡就可以的。反正我覺得，該怎麼樣就怎麼樣，有機會就結婚……每次人家問我要不要結婚，當然結！要不要交男友？交啊！要不要生小孩？生得出來就生啊，我沒意見……」

「一心想嫁的Bi T」一想到這個標題就忍不住發噱。帥帥的她穿起白紗不知是什麼模樣？也好奇，有朝一日當起T媽媽又是如何的韻味？

「很多人在等著……看我笑話呢！等著看我穿婚紗……」緯欣自己也笑了，「妳等著吧！等我的好消息……帖子到時候一定算妳一份！」

⑫ 雙性戀Q&A

在無數的閒聊、訪談、和座談演講的場合，會重複出現以下這些提問，我試著在這裡滿足讀者可能的好奇。沒有標準答案，這只是我，以及Bi the Way雙性戀社群裡頭許多人共同的看法，提供參考。

Q：做為一個雙性戀者，究竟代表著什麼意義呢？

A：

「做為一名雙性戀者意味著，我們有可能會受到不同性別的吸引。雖然我會愛上男生也會愛上女生，但我相信，有些雙性戀者和我一樣，對男人女人的喜歡的感覺，相處的方式都是不一樣的……」——Mikey

「很多雙性戀者會說，他們愛上一個人並非因為他的性別，而是靈魂特質…但對我來說，怎麼會喜歡一個人只喜歡他的靈魂呢？連他的肉體一起喜歡不好嗎？男人女人的身體，對我來說，都充滿吸引力……」——珍妮

總的說來，雙性戀者擁有「能力」或「潛力」，會受到不同性別者的吸引。而所謂的吸引力，包含了身體、性欲和情感等等。有些雙性戀者可能對男女有同樣的吸引力，有些雙性戀者則像是Mikey一樣，對兩性的感受和行為方式並不一樣。而且，這些也都有可能隨著不同的生命階段而改變。

雙性戀並不需要擁有特定情欲經驗，也不是有特定情欲經驗就一定是雙性戀。每個人都是獨一無二，我們主張並尊重個人的自我認同定義。所以，如果妳／你曾經，或現在正經驗著這樣的情感生活方式、而你願意選擇雙性戀這個標籤，那麼，歡迎你！而如果你／妳從未有過類似的經驗，但你相信你有這樣的潛力，或願意開發、探索、嘗試，那麼，我們也歡迎妳成為我們的一份子！

沒有「真的」、「對的」、「標準」的雙性戀。而雙性戀，無處不在。

Q：我要怎麼知道我是不是雙性戀呢？

A：選擇性傾向，有時還真是一件麻煩事。社會總是教導我們只能是「這種」或「那種」（同性戀或異性戀），或者，大家總是說，雙性戀只是一種過渡階段，不可能永遠如此。然而有時候，妳／你慢慢發現，這兩種類別（同／異）像是不合腳的鞋，怎麼樣都不合適；有些時候，妳／你驚訝地瞭解，自己對兩種性別都有感覺，於是，你開始疑惑了。這很有可能代表，未來某一天，你將會認同雙性戀的身份，但，不要急，你無須證明你是（或不是）雙性戀者，世界上並沒有「雙性戀測驗」這種東西，是否選擇這個身份，全憑你自己。但重要的是，試著去探索真正的你，真正底層的欲望，並對自己誠實。在做過足夠的探索之前，或許無須急著定義，我「是」什麼。

Q：我天生就愛男人也愛女人，這樣是「正常」的嗎？

A：親愛的，當然。你／妳完全正常！想想看，一個有能力去愛的人，怎麼會不正常呢？在台灣，甚至其他許多西方國家對雙性戀仍有許多偏見與歧視，要選擇這個身份認同並不容易，但雙性戀者就和所有的異性戀和同性戀者一樣，是正常而自然的。

Q：這個社會對於雙性戀並不友善，我無法對家人、朋友以及同志圈內朋友出櫃，躲在雙重衣櫃中的我，該怎麼辦呢？

A：在對雙性戀不友善的整體環境之中，雙性戀者往往也會內化社會的污名，對自己產生負面的感受。所以，親愛的，瞭解到，你是特別的，而非不正常的。試著悅納並勇敢地成為自己。找到真正可以聆聽並懂得妳的朋友，或支持團體，可以給予你支持的力量。加入雙性戀團體，認識更多和自己同樣處境的朋友，是一個好主意。

Q：我可以向誰出櫃呢？

A：以我的經驗，最難出櫃的第一個對象，其實是自己！我花了許多時間向自己坦承，「好吧，我是雙性戀！」而之後我仍花了一段時間去全然接受這件事。我的建議是，唯有當你對自己的雙性情欲感覺自在的時候，或許才是出櫃的好時機。別因為來自他人或外在的壓力而被迫出櫃，尊重你自己的節奏，出櫃與否無關乎他人，重點是你自己。可以試著從真正瞭解你的人開始，或者，在同志網站上、Bi the Way的論壇中，尋找其他雙同志，分享彼此的生命經驗。你會發現，擁有支持性的人際網絡與團體，對於自我接納有很大的助益。

Q：「雙性戀」究竟有多少？比同性戀更邊緣小眾嗎？

A：首先這涉及了雙性戀的定義。人類情欲的面向太豐富多元，沒有所謂「標準」的雙性戀，所以我們主張自我定義。目前台灣並沒有任何相關的量化研究或普查的數據可證實，但以一九四八年，金賽博士針對全美五千三百名男性所做的調查結果發現，只有50%的人一生中是絕對的異性戀，僅有4%的男性終身為絕對的同性戀，幾乎半數（46%）的人，曾同時從事同性和異性戀活動；到了一九五三年，金賽再度針對二十到三十五歲的美國女性進行研究，發現有8%到20%的女性（依婚姻狀況和教育程度不同）曾有過至少偶然性的同性戀回應或接觸，但只有0.3%～3%為絕對的女同性戀者。

另以「過去三年內曾和男女發生性行為」為準，統計出男雙性戀和女雙性戀各占美國男女人口的15%和7.8%，其中已扣掉「偶然性」性行為的比例，結果和近代研究相近，顯示雙性戀人口多於同性戀。在缺乏能見度和友善環境之下，許多櫃中的或潛在的雙性戀者實在無法估算，雙性戀究竟是人類普遍存在的情欲狀態，還是邊緣小眾？還在未定之天呢！

Q：雙性戀都會想要「同時」和男女交往嗎？

A：有些雙性戀者可能擁有終身的單一伴侶關係，有些雙性戀者可能僅和某一性別的人交往，但也有雙性戀從未有任何情感經驗，仍舊認同自己是雙。雙性戀只不過是個人的情欲特質，不代表一定得要雙重關係才能滿足，落實到生活形態上更有百百種，有傳統保守的清教徒，也有前衛大膽的實驗者；有專情死忠派，當然也有多情花心者。會腳踏兩條船的比例有多高？我想，大約跟異性戀、同性戀者差不多高吧！

Q：雙性戀後來會不會都想去結婚生子？甚至會「變回」異性戀？

A：雙性戀本身就是獨特的情欲質地，這樣的性向並不會因為和誰在一起而改變，所以沒有「變成」什麼，只有「選擇」什麼的問題。事實上，在恐同又恐雙的社會中，無論雙性戀選擇哪條路，都無法逃脫內在與外在的壓力。情感道路的抉擇，有可能基於真愛，但也可能受到環境的影響，已婚雙性戀不應該受到責備，或被視為「假性同性戀」。

Q：除了彩虹旗之外，雙性戀者有自己的標誌或象徵嗎？

A：當然有。如同彩虹意味著廣義的同志（LGBT），由粉紅色、紫色、藍色所組成的三色旗，則是雙性戀的代表。為了讓雙性戀社群能夠擁有自己的象徵，並增加雙性戀者的能見度，Michael Page在一九九八年設計了這面旗幟。粉紅色代表同性戀，藍色代表異性戀，中間交融的紫色代表的就是雙性戀。也因此，紫色，是雙性戀者的代表色。

Q：雙性戀者有屬於自己的代表紀念日嗎？

A：有的。國際雙性戀日（Celebrate Bisexuality Day）為十一月二十三日，這個日子，是為了所有雙性戀者、泛性戀者（pansexual），以及他們的家人朋友所設立的，同時也為了讓更多人能藉此瞭解雙性戀社群、文化、以及他們的生活。此慶祝日始於一九九九年，由Wendy Curry、Michael Page、Gigi Raven Wilbur三位美國雙性戀運動者所創。目前在美國、德國、英國、紐西蘭、日本等地都有慶祝活動。

Q：西方晚近有一種新的身份名詞叫做「泛性戀」（pansexual），和雙性戀有什麼不同呢？

A：八〇年代之後，西方社會中關於多元情欲的討論則帶出了另一些議題：「那麼，如果我愛上跨性別者呢？」、「如果我是無性別主義者呢？」、「如果我愛一個人和他的性別無關呢？」

所以，有些人開始覺得「雙性戀」這個詞彙的本身過於狹隘，似乎受到男／女性別的限制，是否有可能找些替代性的字眼呢？於是，有人創造了「泛性戀」（pansexual／pansensual）或「全性戀」（omnisexual），「泛」（pan-）有「跨」、「全」和「包含」的意思，這個字被認為比雙性戀來得廣泛，因為它不以性別來定義，指一個人不但可以愛男人與女人，甚至包括跨性者或是性別流動不拘的人；或者，也代表對於別人的愛欲與性別無關。晚近受到後現代思潮的影響，有人使用更接近酷兒概念的「後現代性戀」（pomosexual），這個字由postmodern（後現代）和sexual（情欲）兩個字結合，強調拒絕被歸類、去標籤化，個人可以自由穿梭在異性戀、同性戀、雙性戀或跨性戀之間，無法被規約限制。

⑬ 雙性戀網路資源

國內網站

- Bi the Way・拜坊部落格 http://bitheway.pixnet.net/blog
- Bi the Way論壇 http://bitheway.forums-free.com/

國內BBS

- PTT的bi-sexual版 telnet://ptt.cc/
- KKCITY的 bisexual 版 telnet://bbs.kkcity.com/

國外網站

國際性

・雙性戀資訊網絡 —Bi.org

http://bi.org/

由美國架設的雙性戀資源入口網站，基本上可以在這裡找到歐美許多主要的雙性戀資源網站。

・BiCafé

http://www.bicafe.com/Default.asp?tag=EN

大型雙性戀國際交友網站。有英文和法語兩種版本。採會員制，但也有部分內容提供非會員瀏覽。除了有公開徵友版面，該網站還經營數個線上虛擬團體，會員達上千人。同時，還貼心提供了美國以及歐洲部分城市的雙性戀聚會場所，包括餐廳、酒吧、健身中心、飯店、書店等等。

北美地區

・美國雙性戀網絡 —BiNet USA

http://www.binetusa.org/index.html

BiNet USA 是美國最早的全國性雙性戀實體組織，成立於一九九〇年。一九八七年雙性戀者首度參與華盛頓同志大遊行，是為美國雙性戀者的受度集結現身，隨即一九九〇年BiPol在舊金山舉行全美首次雙性戀會議，決議該網絡的成立。在這個網站中，你可以找到全美各地實體雙性戀團體的連結網站，以及早期雙性戀運動的歷史紀錄。

・美國雙性戀學會 — American Institute of Bisexuality http://www.bisexual.org/home.html

該學會是由《異／同之外：雙性戀》（The Bisexual Option）的作者，弗里茲・克萊恩博士（Fritz Klein）在1998年創立的。該學會鼓勵並贊助各種雙性戀相關的研究與教育活動。

・加拿大雙性戀網絡BiNet Canada

http://www.binetcanada.ca/en/index.html

提供加拿大各地區所雙性戀相關團體、活動、mailing list和論壇等資源連結。

・騎牆報—The Fence（加）

http://www.thefence.ca/

・雙雜誌—biMagazine（美）

http://www.bimagazine.org/home/index.html

這是一個雙性戀的藝文創作網站，裡頭有各式各樣雙性戀者的資訊與創作，包括雙性戀小說家、音樂家、歌手、詩人、畫家、導演、攝影師等創作者的文字、圖畫與多媒體作品，內容相當多元，也有定期推薦雙性戀相關的新書、CD、電影等資訊。

・雙性戀寫作協會—Bidar : Bi Writers Association（美）

http://biwriters.livejournal.com/

雙性戀藝術、文化與媒體的評論媒體。值得一提的是，該網站蒐羅美國流行文化、影歌星、早期電影、連續劇甚至MTV中的雙性戀劇情與角色，並予以細緻分析評論，相當有趣。

歐洲地區：

・雙性戀社群新聞—Bi Community News（英）

http://www.bicommunitynews.co.uk/

英國的雙性戀新聞網，亦發行紙本刊物，可以直接在這個網站訂閱或購買。

・英國青少年雙性戀網站—UK-Bi Youth（英）

http://www.biyouth.org.uk/

這是一個屬於英國青（少）年雙性戀的資源網站，其中包括babyBiCon（十四到二十五歲雙性戀者）一九九八年首度全國性集會的相關紀錄。

・歐洲雙性戀網絡論壇—Euro-BiNet

http://groups.yahoo.com/group/EURO-BINET/

・BiCause（法國）

http://bicause.pelnet.com/

・BiNe e. V.（德國）

http://www.bine.net/start/index.php

・Bi-naiset（芬蘭）

http://www.naisunioni.fi/

為芬蘭最早的婦女團體之一 Unioni 的分支團體，以雙性戀女性為服務對象。

・Bi Irish（愛爾蘭）

http://bi-irish.bi.org/xindex.html

・Bigruppen Danmark（丹麥）

http://bigruppen.lbl.dk/

其他地區

· New Zealand Bisexual Network （紐西蘭）

http://bisexual.cjb.net/

· Australian Bisexual Network（澳洲）

http://www.members.optusnet.com.au/~ausbinet/

· Bi and Pansexuals Israel（中東地區）

http://groups.google.com/group/bi_il

Caring 062

我愛她也愛他——
18位雙性戀者的生命故事

作者—陳洛葳

出版者—心靈工坊文化事業股份有限公司
發行人—王浩威　諮詢顧問召集人—余德慧
總編輯—王桂花　執行編輯—黃心宜
美編—董子瑈
通訊地址—10684台北市大安區信義路四段53巷8號2樓
郵政劃撥—19546215　戶名—心靈工坊文化事業股份有限公司
電話—02）2702-9186　傳真—02）2702-9286
Email—service@psygarden.com.tw　網址—www.psygarden.com.tw

製版．印刷—彩峰造藝印像股份有限公司
總經銷—大和書報圖書股份有限公司
電話—02）8990-2588　傳真—02）2990-1658
通訊地址—248台北縣五股工業區五工五路二號
初版一刷—2011年3月　初版三刷—2016年9月
ISBN—978-986-6112-02-7　定價—300元

國家圖書館出版品預行編目資料

我愛她也愛他：18位雙性戀者的生命故事／
陳洛葳 ／著.
-- 初版. -- 台北市：心靈工坊文化，2011.3　面；公分. --（Caring；062）

ISBN 978-986-6112-02-7（平裝）
1. 雙性戀

544.754　　100002895

心靈工坊 PsyGarden 書香家族 讀友卡

感謝您購買心靈工坊的叢書，爲了加強對您的服務，請您詳填本卡，
直接投入郵筒（免貼郵票）或傳眞，我們會珍視您的意見，
並提供您最新的活動訊息，共同以書會友，追求身心靈的創意與成長。

書系編號—Caring 062　書名—我愛她也愛他—18位雙性戀者的生命故事

姓名　是否已加入書香家族？ □是 □現在加入

電話 (O)　(H)　手機

E-mail　生日　年　月　日

地址 □□□

服務機構　職稱

您的性別—□1.女 □2.男 □3.其他

婚姻狀況—□1.未婚 □2.已婚 □3.離婚 □4.不婚 □5.同志 □6.喪偶 □7.分居

請問您如何得知這本書？

□1.書店 □2.報章雜誌 □3.廣播電視 □4.親友推介 □5.心靈工坊書訊
□6.廣告DM □7.心靈工坊網站 □8.其他網路媒體 □9.其他

您購買本書的方式？

□1.書店 □2.劃撥郵購 □3.團體訂購 □4.網路訂購 □5.其他

您對本書的意見？

□ 封面設計　1.須再改進 2.尚可 3.滿意 4.非常滿意
□ 版面編排　1.須再改進 2.尚可 3.滿意 4.非常滿意
□ 內容　1.須再改進 2.尚可 3.滿意 4.非常滿意
□ 文筆／翻譯　1.須再改進 2.尚可 3.滿意 4.非常滿意
□ 價格　1.須再改進 2.尚可 3.滿意 4.非常滿意

您對我們有何建議？

▲您的意見，我們將轉貼在心靈工坊網站上，www.psygarden.com.tw

廣　告　回　信
台北郵政登記證
台北廣字第1143號
免　貼　郵　票

心靈工坊 PsyGarden

10684台北市信義路四段53巷8號2樓

讀者服務組　收

免　貼　郵　票

（對折線）

加入心靈工坊書香家族會員
共享知識的盛宴，成長的喜悅

請寄回這張回函卡（免貼郵票），
您就成爲心靈工坊的書香家族會員，您將可以——

⊙隨時收到新書出版和活動訊息

⊙獲得各項回饋和優惠方案